A Revolução Salvadorenha

FUNDAÇÃO EDITORA DA UNESP

Presidente do Conselho Curador
Mário Sérgio Vasconcelos

Diretor-Presidente
Jézio Hernani Bomfim Gutierre

Editor-Executivo
Tulio Y. Kawata

Superintendente Administrativo e Financeiro
William de Souza Agostinho

Conselho Editorial Acadêmico
Carlos Magno Castelo Branco Fortaleza
Henrique Nunes de Oliveira
Jean Marcel Carvalho França
João Francisco Galera Monico
João Luís Cardoso Tápias Ceccantini
José Leonardo do Nascimento
Lourenço Chacon Jurado Filho
Paula da Cruz Landim
Rogério Rosenfeld
Rosa Maria Feiteiro Cavalari

Editores-Assistentes
Anderson Nobara
Leandro Rodrigues

Tommie Sue-Montgomery
e Christine Wade

A Revolução Salvadorenha
Da revolução à reforma

Coleção Revoluções do Século XX
Direção de Emília Viotti da Costa

Tradução
Maria Silvia Mourão Netto

© 2002 Editora UNESP

Direitos de publicação reservados à:
Fundação Editora da Unesp (FEU)
Praça da Sé, 108
01001-900 – São Paulo – SP
Tel.: (0xx11) 3242-7171
Fax: (0xx11) 3242-7172
www.editoraunesp.com.br
www.livrariaunesp.com.br
feu@editora.unesp.br

CIP – Brasil. Catalogação na fonte
Sindicato Nacional dos Editores de Livros, RJ

M791r

Montgomery, Tommie Sue
A revolução salvadorenha: da revolução à reforma / Tommie Sue-Montgomery e Christine Wade; tradução de Maria Silvia Mourão Netto; direção [da série] de Emília Viotti da Costa. São Paulo: Editora da UNESP, 2006.
144p.: il.; (Revoluções do Século XX)

Tradução de: From revolution reform: the left in El Salvador
Inclui bibliografia
ISBN 85-7139-661-2

1. Revoluções – El Salvador – História. 2. El Salvador – História – 1979-1992. 3. El Salvador – Política e governo – 1979-1992. 4. Frente Farabundo Martí para la Libertación Nacional. I. Wade, Christine. II. Título. III. Série.

06-3739.   CDD 972.84053
                                    CDU 94(728.4)"1974-1992"

Editora afiliada:

Asociación de Editoriales Universitarias
de América Latina y el Caribe

Associação Brasileira de
Editoras Universitárias

Apresentação da coleção

O século XIX foi o século das revoluções liberais; o XX, o das revoluções socialistas. Que nos reservará o século XXI? Há quem diga que a era das revoluções está encerrada, que o mito da Revolução que governou a vida dos homens desde o século XVIII já não serve como guia no presente. Até mesmo entre pessoas de esquerda, que têm sido ao longo do tempo os defensores das ideias revolucionárias, ouve-se dizer que os movimentos sociais vieram substituir as revoluções. Diante do monopólio da violência pelos governos e do custo crescente dos armamentos bélicos, parece a muitos ser quase impossível repetir os feitos da era das barricadas.

Por toda parte, no entanto, de Seattle a Porto Alegre ou Mumbai, há sinais de que hoje, como no passado, há jovens que não estão dispostos a aceitar o mundo tal como se configura em nossos dias. Mas quaisquer que sejam as formas de lutas escolhidas é preciso conhecer as experiências revolucionárias do passado. Como se tem dito e repetido, quem não aprende com os erros do passado está fadado a repeti-los. Existe, contudo, entre as gerações mais jovens, uma profunda ignorância desses acontecimentos tão fundamentais para a compreensão do passado e a construção do futuro. Foi com essa ideia em mente que a Editora UNESP decidiu publicar esta coleção. Esperamos que os livros venham a servir de leitura complementar aos estudantes do ensino médio, universitários e ao público em geral.

Os autores foram recrutados entre historiadores, cientistas sociais e jornalistas, norte-americanos e brasileiros, de posições políticas diversas, cobrindo um espectro que vai do centro até a esquerda. Essa variedade de posições foi conscientemente buscada. O que perdemos, talvez, em consistência, esperamos ganhar na diversidade de interpretações que convidam à reflexão e ao diálogo.

Para entender as revoluções no século XX, é preciso situá-las no contexto dos movimentos revolucionários que se desencadearam a partir da segunda metade do século XVIII, resultando na destruição final do Antigo Sistema Colonial e do Antigo Regime. Apesar das profundas diferenças, as revoluções posteriores procuraram levar a cabo um projeto de democracia que se perdeu nas abstrações e contradições da Revolução de 1789, e daí em diante se tornou o centro das lutas do povo. De fato, o século XIX assistiu a uma sucessão de revoluções inspiradas na luta pela independência das colônias inglesas na América e na Revolução Francesa.

Em 4 de julho de 1776, as treze colônias que vieram inicialmente a constituir os Estados Unidos da América declaravam sua independência e justificavam a ruptura do Pacto Colonial. Em palavras candentes e profundamente subversivas para a época, afirmavam a igualdade dos homens e apregoavam como seus direitos inalienáveis: o direito à vida, à liberdade e à busca da felicidade. Afirmavam que o poder dos governantes, aos quais cabia a defesa daqueles direitos, derivava dos governados. Portanto, cabia a estes derrubar o governante quando ele deixasse de cumprir sua função de defensor dos direitos e resvalasse para o despotismo.

Esses conceitos revolucionários que ecoavam o Iluminismo foram retomados com maior vigor e amplitude treze anos mais tarde, em 1789, na França. Se a Declaração de Independência das colônias norte-americanas ameaçava o sistema colonial, a Revolução Francesa viria pôr em questão todo o Antigo Regime, a ordem social que o amparava, os privilégios da aristocracia, o sistema de monopólios, o absolutismo real, o poder divino dos reis.

Não por acaso, a Declaração dos Direitos do Homem e do Cidadão, aprovada pela Assembleia Nacional da França, foi redigida pelo marquês de La Fayette, francês que participara das lutas pela independência das colônias norte-americanas. Este contara com a colaboração de Thomas Jefferson, que se encontrava na França, na ocasião como enviado do governo norte-americano. A Declaração afirmava a igualdade dos homens perante a lei. Definia como seus direitos inalienáveis a liberdade, a propriedade, a segurança e a resistência à opressão, sendo a preservação desses direitos o objetivo de toda associação política. Estabelecia que ninguém poderia ser privado de sua propriedade, exceto em casos de evidente necessidade pública legalmente comprovada, e desde que fosse prévia e justamente indenizado. Afirmava ainda a soberania da nação e a supremacia da lei. Esta era definida como expressão da vontade geral e deveria ser igual para todos. Garantia a liberdade de expressão, de ideias e de religião, ficando o indivíduo responsável pelos abusos dessa liberdade, de acordo com a lei. Estabelecia um imposto aplicável a todos, proporcionalmente aos meios de cada um. Conferia aos cidadãos o direito de, pessoalmente ou por intermédio de seus representantes, participar na elaboração dos orçamentos, ficando os agentes públicos obrigados a prestar contas de sua administração. Afirmava ainda a separação dos poderes.

Essas declarações, que definem bem a extensão e os limites do pensamento liberal, reverberaram em várias partes da Europa e da América, derrubando regimes monárquicos absolutistas, implantando sistemas liberal-democráticos de vários matizes, estabelecendo a igualdade de todos perante a lei, adotando a divisão dos poderes (legislativo, executivo e judiciário), forjando nacionalidades e contribuindo para a emancipação dos escravos e a independência das colônias latino-americanas.

O desenvolvimento da indústria e do comércio, a revolução nos meios de transportes, os progressos tecnológicos, o processo de urbanização, a formação de uma nova classe social – o proletariado – e a expansão imperialista dos países europeus na África e na Ásia geravam deslocamentos, conflitos sociais e guerras em várias partes do mundo. Por toda parte os grupos excluídos defrontavam-se com novas oligarquias que não atendiam às suas necessidades e não respondiam a seus anseios. Estes extravasavam em lutas visando a tornar mais efetiva a promessa democrática que a acumulação de riquezas e poder nas mãos de alguns, em detrimento da grande maioria, demonstrara ser cada vez mais fictícia.

A igualdade jurídica não encontrava correspondência na prática; a liberdade sem a igualdade transformava-se em mito; os governos representativos representavam apenas uma minoria, pois a grande maioria do povo não tinha representação de fato. Um após outro, os ideais presentes na Declaração dos Direitos do Homem foram revelando seu caráter ilusório. A resposta não se fez tardar.

Ideias socialistas, anarquistas, sindicalistas, comunistas, ou simplesmente reformistas apareceram como críticas ao mundo criado pelo capitalismo e pela liberal-democracia. As primeiras denúncias ao novo sistema surgiram contemporaneamente à Revolução Francesa. Nessa época, as críticas ficaram restritas a uns poucos revolucionários mais radicais, como Gracchus Babeuf. No decorrer da primeira metade do século XIX, condenações da ordem social e política criada a partir da Restauração dos Bourbon na França fizeram-se ouvir nas obras dos chamados socialistas utópicos, como Charles Fourier (1772-1837), o conde de Saint-Simon (1760-1825), Pierre Joseph Proudhon (1809-1865), o abade Lamennais (1782-1854), Étienne Cabet (1788-1856) e Louis Blanc (1812-1882), entre outros. Na Inglaterra, Karl Marx (1818-1883) e seu companheiro Friedrich Engels (1820-1895) lançavam-se na crítica sistemática ao capitalismo e à democracia burguesa, e viam na luta de classes o motor da história e, no proletariado, a força capaz de promover a revolução social. Em 1848, vinha à luz o *Manifesto comunista*, conclamando os proletários do mundo a se unirem.

Em 1864, criava-se a Primeira Internacional dos Trabalhadores. Três anos mais tarde, Marx publicava o primeiro volume de *O capital*. Enquanto isso, sindicalistas, reformistas e cooperativistas de toda espécie, como Robert Owen, tentavam humanizar o capitalismo. Na França, o contingente de radicais aumentara bastante, e propostas radicais começaram a mobilizar número maior de pessoas entre as populações urbanas. Os socialistas, derrotados em 1848, assumiram a liderança por um breve período na Comuna de Paris, em 1871, quando foram novamente vencidos. Apesar de suas derrotas e múltiplas divergências entre os militantes, o socialismo foi ganhando adeptos em várias partes do mundo. Em 1873, dissolvia-se a Primeira Internacional. Marx faleceu dez anos mais tarde, mas sua obra continuou a exercer poderosa influência. O segundo volume de *O capital* saiu em 1885, dois anos após sua morte, e o terceiro, em 1894. Uma nova Internacional foi fundada em 1889. O movimento em favor de uma mudança radical ganhava um número cada vez maior de participantes, em várias partes do mundo, culminando na Revolução Russa de 1917, que deu início a uma nova era.

No início do século XX, o ciclo das revoluções liberais parecia definitivamente encerrado. O processo revolucionário, agora sob inspiração de socialistas e comunistas, transcendia as fronteiras da Europa e da América para assumir caráter mais universal. Na África, na Ásia, na Europa e na América, o caminho seguido pela União Soviética alarmou alguns e serviu de inspiração a outros, provocando debates e confrontos internos e externos que marcaram a história do século XX, envolvendo todos. A Revolução Chinesa, em 1949, e a Cubana, dez anos mais tarde, ampliaram o bloco socialista e forneceram novos modelos para revolucionários em várias partes do mundo.

Desde então, milhares de pessoas pereceram nos conflitos entre o mundo capitalista e o mundo socialista. Em ambos os lados, a historiografia foi profundamente afetada pelas paixões políticas suscitadas pela Guerra Fria e deturpada pela propaganda. Agora, com o fim da Guerra Fria, o desaparecimento da União Soviética e a participação da China em instituições até recentemente controladas pelos países capitalistas, talvez seja possível dar início a uma reavaliação mais serena desses acontecimentos.

Esperamos que a leitura dos livros desta coleção seja, para os leitores, o primeiro passo em uma longa caminhada em busca de um futuro, em que liberdade e igualdade sejam compatíveis e a democracia seja sua expressão.

Emília Viotti da Costa

Sumário

Lista de abreviaturas   *15*

1. Antecedentes da revolução   *19*

2. A organização da revolução: 1970-1980   *43*

3. Os anos da guerra: 1981-1992   *75*

4. Da guerra à paz e além: 1992-2005   *103*

5. Conclusão   *129*

Referências bibliográficas   *139*

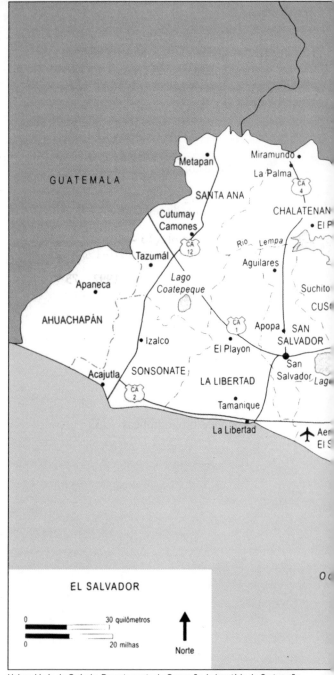

Universidade da Geórgia, Departamento de Geografia, Laboratório de Cartografia

Lista de abreviaturas

AIFLD: American Institute for Free Labor Development (Instituto Americano para o Desenvolvimento do Trabalho Livre)

Andes-2: Associação Nacional de Educadores Salvadorenhos

Ageus: Associação Geral dos Estudantes Universitários Salvadorenhos

Arena: Aliança Republicana Nacionalista

ARN: Aliança Republicana Nacionalista

BPR: Bloco Popular Revolucionário

Cafta: Acordo de Livre-Comércio da América Central

CCB: Comunidades Cristãs de Base

CD: Convergência Democrática

CPD: Comissão Político-diplomática

CDU: Centro Democrático Unido

CEB: Comunidade Eclesial de Base

Cepal: Comissão Econômica para a América Latina

Cinas: Centro de Investigação e Ação Social

Coes: Confederação dos Trabalhadores de El Salvador

Copaz: Comissão Nacional para a Consolidação da Paz

CPDN: Comissão Permanente sobre o Debate Nacional

CRM: Coordenadoria Revolucionária das Massas

DRU: Diretório Revolucionário Unificado

ERP: Exército Revolucionário do Povo

FAL: Forças Armadas de Libertação

Falange: Forças Armadas de Libertação Anticomunista de Guerras de Eliminação

FAN: Frente Ampla Nacional

Fapu: Frente de Ação Popular Unificada

FARN:	Forças Armadas de Resistência Nacional [também RN]
FDR:	Frente Democrática Revolucionária
Feccas:	Federação Cristã de Campesinos Salvadorenhos
Fenastras:	Federação Nacional Sindical dos Trabalhadores Salvadorenhos
FMLN:	Frente Farabundo Martí para a Libertação Nacional
FPL:	Forças Populares de Libertação
Fuersa:	Frente Unida de Estudantes Salvador Allende
Fusades:	Fundação Salvadorenha para o Desenvolvimento Econômico
Fuss:	Federação Unitária de Sindicatos de El Salvador
IDHUCA:	Instituto de Direitos Humanos da UCA (Universidade Centro-Americana)
Incafe:	Instituto Nacional do Café
ISSS:	Instituto Salvadorenho de Seguridade Social
Iudop:	Instituto Universitário de Opinião Pública (da Universidade Centro-Americana José Siméon Cañas)
LP-28:	Ligas Populares 28 de Fevereiro
MCCA:	Mercado Comum Centro-Americano
Minusal:	Missão de Verificação das Nações Unidas em El Salvador
Miptes:	Movimento Independente de Profissionais e Técnicos de El Salvador
MLP:	Movimento de Libertação Popular
MNR:	Movimento Nacional Revolucionário
MPSC:	Movimento Popular Social-Cristão
Onusal:	Missão de Observadores das Nações Unidas em El Salvador
OP:	Organização Popular
OPM:	Organização Político-Militar
Orden:	Ordem Democrática Nacional
PAR:	Partido da Ação Renovadora

PCS:	Partido Comunista Salvadorenho
PCN:	Partido da Conciliação Nacional
PD:	Partido Democrático
PDC:	Partido Democrata-Cristão
PMR:	Partido Movimento Renovador
PNC:	Polícia Nacional Civil
PRI:	Partido Revolucionário Institucional
PRS:	Partido da Revolução Salvadorenha
PRTC:	Partido Revolucionário dos Trabalhadores Centro-Americanos
PSD:	Partido Social Democrático
RN:	Resistência Nacional
UCS:	União Comum Salvadorenha
UDN:	União Democrática Nacionalista União
UNO:	Nacional da Oposição
Usaid:	Agência Americana para o Desenvolvimento Internacional

1. Antecedentes da Revolução

O CENÁRIO

"El Salvador é um país lindo"; escreveu a missionária católica leiga Jean Donovan em carta datada do início de 1980. "Onde mais a gente vê rosas em dezembro?" Alguns meses mais tarde, em dezembro, Jean e três freiras, todas norte-americanas, seriam estupradas e assassinadas por integrantes da Guarda Nacional de El Salvador, uma das três forças de segurança do Estado. A descrição poética de Jean contrasta agudamente com a orgia de violências perpetradas contra o povo salvadorenho por seu governo, desde o início do século XIX, até que uma guerra civil de 11 anos de duração e a paz subsequente dessem um fim à violência política, em 1992.

El Salvador, localizado ao sul de Honduras e a oeste da Guatemala, é o único país da América Central sem saída para o oceano Atlântico. Uma faixa estreita e fértil de terra ao longo da costa do Pacífico estende-se até o sopé das montanhas e sobe por suas encostas e contrafortes, onde se torna parte de uma cadeia de montanhas que começa no Alasca e termina nos Andes, região sul do Chile e da Argentina. Em El Salvador, essa cadeia, como em uma grande extensão da costa hemisférica do Pacífico, é pontuada por vulcões, tanto ativos quanto extintos. Trata-se de uma região de terremotos frequentes; os mais poderosos causam destruições e mortes em massa a cada ciclo de 15-25 anos.

El Salvador é o menor país da América Latina, cobrindo apenas 20.935 quilômetros quadrados – área inferior à do menor estado brasileiro, Sergipe. Diferentemente deste, que conta apenas com 1,45 milhão de habitantes, em El Salvador a população atinge a cifra de 7 milhões, dos quais 96% são mestiços,

3% europeus e 1% indígena. (Esse também é o país da América Latina com a mais elevada densidade populacional: 300 quilômetros quadrados. Ainda assim, seu índice de natalidade caiu drasticamente nos últimos anos, de 4,2%, entre 1970 e 1980, para 1,6%, entre 1980 e 2000. Nesse mesmo período, a expectativa de vida da população aumentou de 62,2 anos, em 1979, para 70,7 anos, em 2003. Isso significa que, embora a faixa etária da população entre zero e 15 anos tenha-se mantido estável desde 1975, a população entre 15 e 65 anos aumentou de modo sensível, de 4 milhões, em 1975, para 6 milhões, em 2000, tendência que dá sinais de continuidade. Há mais mulheres do que homens, em uma proporção que é a mesma do Brasil: 50,8%.

A mortalidade infantil declinou de modo acentuado. Em 1977, havia 59,5 mortes por mil nascimentos. Esse número aumentou, durante a guerra, para 77 por mil, mas, em 2000, já havia caído para 26 por mil, bem abaixo da média mundial – 55 por mil nascimentos.

À semelhança de muitos países em desenvolvimento, El Salvador viveu intensa migração rural-urbana, que subiu de 40% para 48% entre 1979 e 1988, em consequência direta da guerra civil no campo, e só recuou 1 % desde o fim das hostilidades.

Como quase toda a América Latina, El Salvador é um país que tem convivido com extremos de riqueza e pobreza ao longo de seus quase quinhentos anos de existência. Uma série de safras de exportação vem garantindo divisas para uns poucos e o empobrecimento da maioria, situação que não mudou apesar de poderoso movimento revolucionário.

O CONTEXTO HISTÓRICO

El Salvador era uma colônia "atrasada" do império espanhol na América Central, uma região carente de recursos naturais e mão de obra – tão abundantes no México, no Peru e na Bolívia. Por conseguinte, o país recebeu, antes da independência, poucos investimentos em infraestrutura básica. Os colonizadores dependiam do cacau, cultivado para fins de comércio e escambo com os índios, e, após meados do século XVII, do índigo (ou anil, uma rica tintura azul extraída das folhas da anileira) para garantir sua subsistência. Embora El Salvador independente tenha herdado a pobreza de seu passado colonial, grande parcela de suas acentuadas desigualdades costuma ser atribuída ao desenvolvimento da terceira fonte agrícola de exportações na economia salvadorenha: o café. A oligarquia do país, conhecida como *Los Catorce* (Os Catorze), composta por 14 famílias poderosas, governou El Salvador sozinha ao longo do primeiro século após a independência, e depois permitiu que o Exército assumisse o controle político por um período de sessenta anos, iniciado na década de 1930. Enquanto a oligarquia dominou a vida econômica do país, o Exército usou a força para abafar qualquer desafio real ou percebido ao *status quo*.

Da metade para o fim do século XIX, esse sistema repressivo de governo foi acompanhado pela usurpação das terras comunitárias dos índios, o que gerou uma das mais afrontosas desigualdades do mundo na distribuição de terras, deixando muitos salvadorenhos sem terra e essencialmente escravizados pelos latifundiários. Essa distribuição desigual de riquezas e recursos, associada à oligarquia cafeeira em El Salvador, assim como à subsequente tradição de manter esse sistema mediante o uso da repressão, levou a uma série de revoltas campesinas iniciadas em 1832, que culminaram, 149 anos mais tarde, em uma das mais sangrentas guerras civis da região.

Há quatro momentos principais na história salvadorenha, de especial importância para esta narrativa. O primeiro data da ocupação das terras comunitárias para promover a exportação do café. O segundo coincide com a crise econômica e política que se seguiu à depressão da economia mundial em 1929, resultando na instalação de um regime militar que deveria proteger os interesses da elite cafeeira. Essa aliança entre o Exército e a oligarquia dominou a sociedade salvadorenha nos sessenta anos seguintes. O terceiro momento, correspondente ao período de 1944 a 1979, caracteriza-se por ciclos de repressão e reforma. O quarto momento relaciona-se à séria ameaça que a oposição eleitoral significou para os interesses do *status quo*, o que levou o Exército a cercear as opções de voto do povo e a usar amplamente a violência para controlar e calar os dissidentes.

1850-1932: O CAFÉ E O ESTADO LIBERAL

Durante os séculos XVII e XVIII, o índigo foi o maior produto de exportação de El Salvador. Na década de 1820, época da independência da América Central, a economia salvadorenha ainda estava largamente voltada para a produção de índigo. Mas, em meados do século XIX, tintas sintéticas mais baratas para tingimento passaram a ser produzidas na Alemanha, e a exportação do índigo salvadorenho, até então muito rentável, declinou de modo significativo. Além disso, a Guerra Civil nos Estados Unidos resultou não só em menor demanda pelo produto de El Salvador como também seu transporte viu-se dificultado pelos bloqueios navais. Quando ficou claro que esse mercado estava em franca retração, iniciou-se a busca por um produto agrícola que pudesse substituir o índigo.

O rico solo vulcânico de El Salvador, assim como seu terreno montanhoso, era ideal para o cultivo do café, que se dá muito bem em altitudes superiores a 800 metros. A introdução dessa cultura em meados do século XIX coincidiu com a expansão do aparato do Estado, em uma época em que conservadores e liberais lutavam pela hegemonia política. O café e a terra estavam no cerne da disputa. Em 1847, a legislatura salvadorenha aprovou sua primeira lei de apoio ao café, oferecendo benefícios fiscais e trabalhistas aos que tinham mais de 15 mil pés. Em 1859, e novamente em 1863, o presidente Gerardo Barrios (1858-1863), a quem se costuma atribuir a introdução do café em El Salvador, ofereceu-se para transferir terras do poder público a particulares, com a condição de que estas fossem usadas para o cultivo do café.

Os liberais foram capazes de consolidar seu poder usando o Estado para criar políticas que beneficiassem diretamente a produção cafeeira. As reformas liberais da terra, em 1881 e 1882, eliminaram as propriedades comunitárias indígenas (*eji-*

dos) e asseguraram a propriedade privada como única forma reconhecida de posse da terra. A oligarquia considerou os *ejidos* um "impedimento à produção agrícola e ao crescimento econômico". O prólogo à lei de 1881 afirmava: "a existência [das terras comunitárias] contraria os princípios sociais e econômicos adotados pela República". A Constituição de 1886 reafirmava os valores liberais, criando um Estado secular, promovendo a eleição popular de autoridades municipais e protegendo a propriedade privada. Na realidade, os interesses do café eram tão vastos que, em 1895, 90% dos membros do legislativo salvadorenho eram cafeicultores.

O impacto dessas reformas liberais não pode ser minimizado, pois elas criaram um padrão de controle e desenvolvimento que definiria a história salvadorenha por muitas décadas. Fortaleceram o controle da economia e do Estado pelos liberais, concentrando ainda mais a riqueza em pouquíssimas mãos e enfraquecendo a ligação entre os conservadores e a população indígena. Os estudiosos estimam que entre 25% e 40% do território do país estava envolvido nas reformas. 73% da terra confiscada pelo governo, em nome da reforma, foram distribuídos entre 5,6% de novos proprietários, ao passo que 50% da população receberam 3,45% das áreas cultiváveis. Milhares de "campesinos" foram expropriados e viram-se forçados a trabalhar nas fazendas.

O sistema de trabalho que surgiu nesse período ainda vigora no século XXI, embora o número de trabalhadores nele envolvido tenha-se reduzido após o movimento revolucionário ter deixado suas marcas. Esse sistema consistia basicamente no débito perpétuo dos peões. Em virtude das dívidas, os "campesinos" permaneciam vinculados à fazenda, pois eram levados a contrair dívidas que não tinham como saldar. Chamados de colonos, viviam na fazenda e sua sobrevivência dependia totalmente do dono da terra.

Outro sistema que surgiu foi o da parceria, em que as safras eram compartilhadas. Nesse caso, os lavradores entregavam parte da colheita para o dono da fazenda ou trabalhavam alguns dias por semana nas terras deste. Em ambos os contextos, os trabalhadores do campo ficavam presos a um esquema que não lhes dava a menor possibilidade de saída.

A motivação para as reformas pode ser atribuída à escassez de duas fontes essenciais: o trabalho e a terra. De acordo com o cientista social Rafael Menjivar, as reformas liberais foram motivadas pela falta de trabalhadores e necessárias "para recrutar e controlar o fornecimento de mão de obra". O café, diferentemente do índigo, exige cuidados durante todo o ano. Conforme o historiador salvadorenho Hector Lindo Fuentes, as reformas também eram direcionadas ao mercado e relativas à escassez de terras. A demanda de café excedia a quantidade de terra disponível para sua produção, e o problema foi solucionado pelo confisco de propriedades comunitárias. Provavelmente, a realidade foi uma combinação das duas teorias. As reformas agrárias forneceram um suprimento confiável de mão de obra que podia ser, com facilidade, controlada, ao mesmo tempo que forneciam quantidade e qualidade significativas de terra para cultivo.

Diferentemente de outros países produtores de café, como a Colômbia, os cafeicultores de El Salvador utilizavam extensas áreas de terra para o cultivo. O economista James K. Boyce assinalou que não eram necessários grandes lotes de terra para plantar café. Na verdade, essa era uma forma de controlar ainda mais o custo e a disponibilidade da força de trabalho.

Os altos índices de grupos de sem-terra, resultantes das reformas agrárias, levaram à criação de forças policiais rurais e municipais para assegurar a estabilidade, assim como leis contra a perambulação e políticas proibindo os lavradores de se organizar em entidades representativas. O final do século XIX e o início do XX foram períodos marcados por revoltas camponesas em todo o país, que se tornaram ainda mais ardorosas após as reformas agrárias. O desejo de manter a ordem e a estabilidade no campo resultou em um estreitamento das relações entre as elites latifundiárias e o Exército. Para a oligarquia, a estabilidade era mais importante do que a liberdade, comumente

A Revolução Salvadorenha

associada com a política liberal da tradição europeia. Portanto, a Guarda Nacional foi criada em 1912 e paga pela própria elite do café, a fim de manter "a segurança interna, especialmente no campo", fornecendo informações sobre atividades "suspeitas": Alguns lavradores convocados para as forças de repressão do Estado também foram usados no campo, para que a ordem fosse garantida. O uso desses quadros comprometia as relações comunitárias, o que fortalecia ainda mais a oligarquia, como o romancista salvadorenho Manlio Argueta retrata de modo eloquente em *Cuscatlán: donde bate la mar del sur*. Em 1930, grande parte de El Salvador estava sob controle militar.

A produção de café continuou se expandindo ao longo do século XX. De 1919 a 1932, a quantidade de terra dedicada ao cultivo dessa planta tinha crescido de 70 mil para 106 mil hectares e, em 1931, representava 96% da exportação de El Salvador. Embora o controle das finanças e da exportação permitisse que a elite cafeeira tivesse considerável facilidade para dominar a situação, a economia salvadorenha – dependente do mercado externo como era – tornou-se um alvo fácil para a Grande Depressão, que atingiu o país em outubro de 1929. Os preços do café em queda – 45% nos primeiros seis meses da Depressão – ocasionaram achatamentos salariais e aumento do desemprego. De 1930 a 1932, o lucro com as exportações do produto reduziu-se à metade e trouxe para o país apenas 13 milhões de *colones*, em vez dos anteriores 34 milhões. Além disso, muitos produtores menores foram à falência, e a riqueza que o café havia gerado concentrava-se cada vez mais em menos mãos. Os produtores menores não foram mais capazes de pagar os empréstimos aos bancos e, por isso, vários destes se tornaram proprietários de lotes de terra produtora de café.

As condições de trabalho também deterioraram. A renda, em 1931, era a metade do que havia sido em 1928, e os vencimentos diários para os lavradores não passavam de 15 centavos. Em um pungente comentário sobre as condições econômicas, o mais eloquente crítico social de El Salvador, o editor Alberto Mansferrer, escreveu em 1929:

A conquista do território pela indústria do café é alarmante. Já ocupou os planaltos e agora está avançando pelos vales, desalojando o milho, o arroz e o feijão. Estende-se como um conquistador, difundindo a fome e a miséria, e reduzindo seus antigos proprietários às piores condições – ai de quem vende! Embora seja possível provar matematicamente que essas mudanças tornam o país mais rico, na realidade elas significam morte. É verdade que os custos de se importar milho são pequenos em relação aos benefícios de se exportar café, mas será que o grão importado chega mesmo até os pobres? Ou será que estes se veem obrigados a pagar por isso? Será que a renda do camponês, que perdeu sua terra, é adequada para prove-lo com milho, arroz, feijão, roupas, medicamentos, médicos, etc.? Portanto, qual é o bem que decorre da venda do café quando, na realidade, redunda em tantas pessoas na miséria?

Mansferrer advertia que "enquanto a justiça não for a mesma para todos, nenhum de nós está a salvo". Essas palavras ecoaram em um comentário premonitório de Jaime Hill, imigrante em uma fazenda na região ocidental de El Salvador:

> Bolchevismo? É a tempestade. Os trabalhadores têm reuniões aos domingos e se empolgam. Dizem: "Nós cavamos os buracos para as árvores, extraímos as ervas daninhas, colhemos, produzimos a safra do café. Quem então deve ganhar o dinheiro? Nós o ganhamos! ... Sim, um dia destes ainda teremos problemas.

As origens do fermento revolucionário

Jaime Hill interpretou corretamente a situação. As "reuniões" dos trabalhadores foram uma manifestação de um movimento trabalhista crescente, iniciado no Congresso Centro-Americano dos Trabalhadores, realizado em San Salvador, em 1911. Essas primeiras estruturas de organização eram, em geral, orientadas para uma forma de assistência mútua e poupança coletiva para seus membros. A ênfase recaía na educação, na parcimônia e nas atuações de caridade; havia o regular desencorajamento do sectarismo político.

A crescente maturidade do movimento ficou evidente em um encontro nacional, realizado em 1918. Mais de duzentos delegados sindicais reuniram-se com o propósito de organizar uma grande Confederação dos Trabalhadores de El Salvador (Coes). O significado desse encontro se refletiu em exigências feitas por oligarcas nervosos, para que soldados do governo posicionados perto do local do encontro abafassem quaisquer distúrbios que eventualmente resultassem das decisões. No entanto, os trabalhadores mantiveram a ordem e o decoro durante todo o evento.

Não muito tempo depois, sindicalistas radicais da Guatemala e do México começaram a ter um certo sucesso entre trabalhadores e estudantes. Esses novos sindicatos não se filiaram à Coes e, como eram conscientes do ponto de vista político, começaram a mudar o caráter amplamente mutualista do movimento operário salvadorenho. Essa influência se expandiu durante a década de 1920 e produziu um movimento militante cada vez mais expressivo. Miguel Marmol, sapateiro que em 1930 se tornaria um dos fundadores da primeira organização revolucionária de El Salvador, o Partido Comunista Salvadorenho (PCS), disse em uma entrevista em 1981 que, durante esse período, "havia reformistas, anarquistas, anarcossindicalistas e nós, os comunistas".

Os comunistas incluíam Augustín Farabundo Martí, filho de um mestiço instalado em uma fazenda. Martí frequentara a Universidade de El Salvador por um tempo longo o suficiente para ter bons conhecimentos sobre positivismo, socialismo utópico e ideias marxista-leninistas. Expulso de El Salvador pelo presidente, em 1920, em virtude de suas atividades radicais, Martí, alcunhado de "El Negro" por causa da cor escura de sua pele, passou os primeiros anos dessa década viajando pela América Central e pelos Estados Unidos. Em 1925, retornou a El Salvador, onde trabalhou para formar a Federação Regional dos Trabalhadores Salvadorenhos, até ser exilado, de novo, pelo presidente. Martí, no entanto, voltou clandestino para San Salvador, retomando o trabalho. Quando o presidente Pío Romero Bosque deu ordem para que o prendessem, Martí iniciou uma greve de fome. A Associação Geral dos Estudantes Universitários Salvadorenhos (Ageus), fundada em 1927, deu-lhe apoio, e Romero Bosque finalmente mandou soltá-lo. Martí saiu de El Salvador e, em seguida, uniu-se a Augusto Cesar Sandino, que combatia os fuzileiros navais norte-americanos na Nicarágua. Em 1929, Martí acompanhou Sandino ao exílio no México, mas, como escreveu mais tarde, Sandino "não adotou meu programa comunista. Sua única bandeira era a da independência nacional ... não a revolução social". Martí regressou a El Salvador em maio de 1930 e se lançou, de imediato, mais uma vez ao trabalho político.

O presidente Romero Bosque estava disposto a conviver com sindicatos e partidos políticos, desde que não ameaçassem sua principal base de apoio: a oligarquia. Ao descobrir que oitenta mil campesinos tinham-se organizado, emitiu uma ordem proibindo demonstrações, comícios e a propaganda esquerdista. Esse decreto foi ignorado e, por fim, Romero Bosque embarcou Martí em um navio a vapor no porto salvadorenho de La Libertad. O jovem agitador passou os dois meses seguintes no mar e, enfim, fugiu do barco em Corinto, porto da Nicarágua, a apenas 240 quilômetros ao sul. Martí regressou a El Salvador, onde chegou no final de fevereiro de 1931, logo após Arturo Araujo ter sido eleito presidente.

A abertura do espaço político promovida por Romero Bosque contribuiu diretamente para a eleição de Araujo, um rico latifundiário reformista que pagava a seus trabalhadores o dobro do que era oferecido pelo mercado, conhecido como amigo da classe trabalhadora e dos "campesinos". Foi puro azar ter assumido seu posto na esteira do colapso financeiro mundial – a Grande Depressão. Araujo não conseguiu cumprir suas promessas e foi visto com desconfiança pelos outros membros da oligarquia, muitos dos quais se recusaram a trabalhar com ele na composição do novo governo. Incapaz de controlar a situação socioeconômica em franca deterioração, Araujo foi deposto por um golpe de Estado em dezembro de 1930 e substi-

A Revolução Salvadorenha

tuído por seu vice-presidente, o general Maximiliano Hernández Martínez.

Nesse ínterim, Martí passa os meses seguintes a seu retorno divulgando suas ideias e organizando universitários e campesinos, nas regiões central e oeste do país. As manifestações e greves eram reprimidas com brutalidade cada vez maior. Martí foi novamente preso, por ter recebido grande quantidade de livros marxistas, enviados de Nova York. Começou então uma greve de fome que durou 26 dias e obteve sua soltura, sendo retirado do hospital, para onde fora enviado depois da prisão, nos ombros de seus partidários. Durante todo o restante daquele ano, Martí manteve-se, com discrição, à margem dos acontecimentos, enquanto a situação política se deteriorava. Os esquerdistas receberam o golpe de 2 de dezembro com um otimismo cauteloso, mas suas esperanças abalaram-se quando as eleições para o legislativo e para os cargos municipais, no início de janeiro de 1932, foram mais uma vez marcadas por fraudes. Na região oeste do país, onde as novas células do PCS eram fortes, as eleições foram suspensas. Em suas cidades, o PCS reivindicou a vitória, mas o governo se recusou a reconhecer oficialmente as eleições.

Martí e outros líderes radicais perceberam que o regime de Martínez não tinha a menor intenção de deixar que seus opositores vencessem as eleições nem para cargos locais. Então, marcaram a data para a insurreição. O plano pedia levantes simultâneos em várias cidades e barricadas no dia 22 de janeiro de 1932, mas as autoridades ficaram sabendo do estratagema com vários dias de antecedência. Farabundo Martí foi capturado em 18 de janeiro com dois estudantes simpatizantes. As comunicações foram cortadas quando os outros líderes rebeldes tentaram abortar o plano da revolta. O resultado foi um movimento desorganizado e descoordenado, que encontrou pela frente uma reação rápida e brutal. Qualquer pessoa em trajes nativos ou que corresse das forças da repressão era alvo certo. Miguel Marmol sobreviveu ao massacre, depois de levar um tiro no braço, fingindo-se de morto em meio a muitos cadáveres.

Quando a carnificina se encerrou, devia haver perto de trinta mil mortos, dos quais menos de 10% tinham participado do golpe. Martí e os dois estudantes foram julgados pelo tribunal do Exército e executados. Os militares consolidaram seu poder no governo. Acabara a farsa da participação popular na política. As organizações de "campesinos" foram banidas. O Partido Comunista só existia na clandestinidade. A oligarquia estava enfim no estado de paz social que tanto almejava, e se dedicou então à obra de reconstrução de uma economia em frangalhos.

1932-1948: O GOVERNO DOS CAUDILHOS

La Matanza [A matança], como veio a ser conhecida, foi seguida pela implantação de uma coalizão entre os militares e a oligarquia, a qual governaria El Salvador por mais cinco décadas. Quer a ameaça de uma rebelião em massa fosse real quer fosse apenas imaginária, a oligarquia chegou a um acordo com o Exército para manter a estabilidade e proteger seus interesses econômicos. O cientista político William Stanley sugeriu, em um estudo feito em 1996, que o Exército pode ter exagerado a extensão da "ameaça comunista" a fim de obter o controle do aparelho do Estado, processo que ele denomina de "esquema [fraudulento] de proteção". Martínez consolidou o poder de várias maneiras: centralizando a tomada de decisões, os trabalhos e serviços públicos; substituindo os civis por oficiais do Exército nos níveis local e municipal; desestimulando a sindicalização; e proibindo que os "campesinos" se organizassem. Martínez governou El Salvador até 1944, quando foi forçado a renunciar após um golpe, articulado por oficiais jovens, e uma greve geral que efetivamente paralisou o país.

Martínez foi seguido pelo general Salvador Castañeda Castro, em maio de 1945. Como seu antecessor, Castañeda Castro representava a velha guarda das Forças Armadas salvadorenhas e, por isso, ficou relativamente isolado em relação aos oficiais de menor patente. Na tentativa de mantê-los sob controle e reduzir a possibilidade de outro golpe, ele enviou muitos militares para outros países para que recebessem treinamento. Esses oficiais regressaram em 1948, às vésperas de uma eleição presidencial organizada às pressas. Quando Castañeda Castro tentou estender seu mandato presidencial, foi sumariamente deposto no que se convencionou chamar de a "revolução de 1948". O golpe de 1948 também encerrou o regime dos caudilhos em El Salvador e abriu caminho para uma significativa mudança institucional.

1948-1979: O REGIME MILITAR INSTITUCIONAL

O período de 1948 a 1979 é pontuado por uma sucessão de golpes reformistas incentivando a liberalização política, seguidos por golpes repressivos cada vez mais duros. O cientista político americano Philip Williams e o historiador salvadorenho Knut Walter descrevem esse fenômeno como "um estado de tensão contínua entre as linhas de pensamento que buscavam prevenir uma crise promovendo mudanças de vários graus, e as que buscavam impedir até mesmo a expressão da necessidade de uma mudança". Embora tivessem sido frequentes nesse período as mudanças de governo (houve 16 deles, entre 1944 e 1979), há algumas características que definem esse período como um todo.

A primeira delas é o tipo de regime, que pode ser mais bem descrito como uma democracia processual em que os militares realizam eleições e governam com uma sucessão de partidos oficiais. A exceção do Partido Comunista, que conseguiu sobreviver às décadas de regime militar, quase o tempo todo na clandestinidade, o sistema partidário em El Salvador que se desenvolveu após a saída de Martínez foi usado para consolidar a lei da oligarquia por meio de partidos "oficiais", dominados pelos militares. As eleições eram organizadas, com frequência, em torno de "minipartidos", criados para promover candidatos, representantes das diferentes correntes de pensamento no próprio Exército. Como resultado, os partidos políticos, em lugar de desempenharem as funções típicas de um sistema partidário – canalizando as demandas da população –, funcionavam apenas para fins eleitorais. Em suma, o sistema partidário servia como meio pelo qual a oligarquia poderia continuar garantindo seu controle por intermédio dos regimes militares. Estes incentivavam os partidos da oposição a participar, mas nunca lhes permitiram obter uma cadeira na Assembleia Legislativa, entre 1952 e 1961.

A segunda característica é que esses regimes se comprometeram a promover várias reformas econômicas e sociais sem, entretanto, jamais terem atenuado as enormes desigualdades sociais existentes no país ou sequer terem ferido os interesses das oligarquias.

Por fim, quando a liberalização avançou demais e passou a significar uma ameaça aos interesses dos poderosos, a repressão aumentou e a força foi usada para manter o *status quo*. A "revolução de 1948", que de fato encerrou a era dos caudilhos, foi, em essência, o resultado de uma fissura entre os oficiais mais jovens e os generais mais velhos. Os primeiros eram provenientes sobretudo da classe trabalhadora e não se tinham beneficiado dos abusos que os generais haviam praticado e com os quais estes haviam enriquecido. Como vinham de uma condição socioeconômica desprivilegiada, os oficiais de patente mais baixa tendiam a se identificar com as políticas que beneficiavam os pobres. Isso não pretende sugerir que tivessem crenças inteiramente altruístas. Apesar de alguns dos oficiais mais jovens serem favoráveis às reformas como algo necessário em si, outros apenas enxergavam nelas uma medida para assegurar a estabilidade política. Os jovens militares concordavam, porém, com a importância de um governo democrático e de uma reforma econômica que gerasse crescimento e estabilidade. Muitos dos oficiais que haviam sido treinados no exterior voltavam assombrados com a modernização e o progresso que viram, em comparação com as condições em El Salvador.

O Conselho Revolucionário do Governo, composto por três militares e dois representantes civis, foi criado para institucionalizar a democracia e modernizar o Estado salvadorenho. A plataforma do Conselho Revolucionário se apresentava em "14 pontos", expressando o compromisso com um regime democrático, em que seriam realizadas eleições livres e democráticas, o Exército seria profissionalizado e todos teriam direito a voto. Apesar de um comprometimento declarado com a democracia, o Conselho Revolucionário baniu os partidos políticos afiliados a grupos religiosos, assim como aqueles que recebiam ajuda do exterior, e o Partido Comunista. Os componentes econômicos da plataforma enfatizavam mais serviços sociais e, o que era mais significativo, um aumento na intervenção do Estado na economia, a fim de promover a industrialização do país.

1960-1972: ABRINDO CAMINHO DE CIMA PARA BAIXO... E A MOBILIZAÇÃO DE BAIXO PARA CIMA

A década de 1960 em El Salvador testemunhou uma mudança política e econômica sem precedentes. No aspecto regional, a década começou com a criação do alardeado Mercado Comum Centro-Americano (MCCA), mas terminou com a assim chamada "guerra do futebol" entre El Salvador e Honduras, que de fato colocou um ponto final no mercado comum. No âmbito nacional, esse decênio foi caracterizado por eleições relativamente competitivas (embora não tenham sido abertas) e pelo aumento no número de organizações populares, incluindo-se as Comunidades Cristãs de Base (CCB) e os sindicatos. A abertura do espaço político, ainda que limitada, veio acompanhada por modificações na política econômica e por respeitáveis níveis de crescimento. Em meados da década de 1970, contudo, essa abertura política daria lugar à repressão e viriam a público as falácias do crescimento econômico.

Após um golpe reformista e, três meses mais tarde, um contragolpe no final de 1960 e início de 1961, a última encarnação do partido oficial se reorganizou para criar o Partido da Conciliação Nacional (PCN), estruturado nos moldes do Partido Revolucionário Institucional (PRI) do México, antecipando as eleições de 1962. Os partidos da oposição, incluindo-se o recém-formado Partido Democrata-Cristão (PDC), abstiveram-se de participar nessas eleições em virtude do que os historiadores salvadorenhos chamaram de "a imposição de um novo oficialismo" – em outras palavras, a manutenção do domínio militar sobre o processo político, apenas revestido com novos trajes. Após a derrota clamorosa de um jumento, o único "candidato" farsescamente apresentado pela oposição nas eleições presidenciais de 1962, o presidente do PCN, Julio Adalberto Rivera, convocou eleições abertas e estabeleceu um sistema de representação proporcional. Com isso, os partidos da oposição tiveram como participar das eleições municipais de 1964. Os democrata-cristãos, unindo conservadores e profissionais, obtiveram bons resultados e chegaram, até mesmo, à maioria dos votos na capital, San Salvador.

O SURGIMENTO DA CENTRO-ESQUERDA

Com a abertura do espaço político e o encorajamento tanto do governo dos Estados Unidos quanto dos partidos democratas-cristãos na Europa e na América Latina, foi fundado em 1960 o Partido Democrata-Cristão. O PDC incorporava três posições ideológicas distintas, todas oriundas do mesmo pensamento católico romano, mas uma era reacionária, ao passo que as outras duas, progressistas. A facção reacionária logo se separou e fundou o Partido da Conciliação Nacional (PCN). Das outras duas, aquela inspirada pela doutrina social mais progressista da Igreja tinha um programa com vários pontos em comum com o movimento social-democrata internacional. A outra tendência, embora partidária das mudanças sociais e econômicas, estava fortemente condicionada pelo pensamento anticomunista. As raízes de uma futura dissensão e divisão já estavam firmemente plantadas desde o início da existência do partido. O homem que apareceu como seu teórico principal, Roberto Lara Velado, era integrante do primeiro grupo, ao passo que aquele que se tornaria sua figura pública mais importante, José Napoleón Duarte, pertencia ao último. Essa divisão interna, no entanto, não viria a ser de domínio popular senão no final de 1979.

O segundo partido de centro-esquerda a entrar em cena na década de 1960 estava afiliado à Internacional Socialista e ao movimento democrático social internacional, cujos membros mais destacados eram os partidos social-democratas da Escandinávia e da Alemanha. O Movimento Nacional Revolucionário (MNR), sob a liderança do secretário-geral Guillermo Manuel Ungo (cujo pai tinha sido um dos fundadores do PDC uma década antes), nunca chegou a alcançar um sucesso representativo em si nas eleições, mas, diante do vigor intelectual de seu líder, permaneceu um fator importante na coalizão com os outros partidos de centro-esquerda, no início da década de 1990.

Enfim, a União Democrática Nacionalista (UDN), que se descrevia como a esquerda "não comunista", embora fosse largamente influenciada pelo proscrito Partido Comunista, emergiu no fim da década. Seu fundador, Francisco Roberto Lima, fora vice-presidente do país e antigo integrante de outro minúsculo partido de esquerda, o Partido da Ação Renovadora (PAR), que surgiu no final dos anos 1940 e cujo derradeiro esforço tinha sido propor a candidatura do dr. Fabio Castillo, professor de Farmacologia e, em seguida, reitor da UES, para presidente, nas eleições de 1967.

Os democrata-cristãos, nesse ínterim, emergiram como uma força significativa da oposição durante a década de 1960, mais do que dobrando o número de municípios que o partido tinha sob controle de 1964 a 1966. Grande parte de seu êxito pode ser atribuída à ênfase no desenvolvimento de uma ligação com a classe trabalhadora. Durante seu governo como prefeito de San Salvador, José Napoleón Duarte desenvolveu a Ação Comunitária, um programa de ações em bairros que incentivava o progresso da comunidade; mais tarde, o projeto foi oficializado como um departamento da administração municipal. Essa estratégia de desenvolver um eleitorado entre a classe média e a classe trabalhadora urbana também beneficiou o partido nas eleições presidenciais de 1967. Enquanto o PCN vencia sem dificuldades, o PDC arrebanhou 21,6% dos votos. No contexto de El Salvador, os democrata-cristãos estavam se tornando uma oposição bem organizada e cada vez mais bem-sucedida.

CRESCIMENTO E DECLÍNIO ECONÔMICO

O *Mercado Comum Centro-Americano*. Alguns indicadores econômicos sugerem que o presidente Julio Adalberto Rivera teve êxito, não só revertendo um severo declínio econômico que se abatera sobre El Salvador desde a década de 1950, como também recolocando o país no caminho do desenvolvimento econômico que gera condições de prosperidade. Por exemplo, o crescimento anual do índice de valor agregado do setor industrial, entre 1962 e 1967, foi de 11,7%. Na realidade, continuavam as mesmas as condições produtoras de um ciclo de expansão e recessão que vinham da década anterior. As promessas de uma reforma agrária deram lugar à integração econômica da América Central.

À semelhança do que sucede hoje em relação aos Tratados de Livre-Comércio, notadamente em relação ao Acordo de Livre-Comércio da América Central (Cafta), o argumento subjacente à criação do Mercado Comum Centro-Americano foi que o fluxo irrestrito de capitais, recursos humanos e bens entre todos os países do istmo criariam mercados adicionais para produtos industrializados, novas oportunidades de investimentos e meios de aliviar a crescente pressão do aumento populacional. Esse argumento teve tons fortes, em especial, em El Salvador e na Guatemala, os dois países mais desenvolvidos da região.

Brotando no final dos anos 1950, a ideia de um Mercado Comum Centro-Americano teve a decidida adesão da Comissão Econômica para a América Latina (Cepal). No início, sofreu a oposição dos Estados Unidos, que desaprovaram a proposta da Cepal de um papel limitado e fortemente regulado para os investimentos estrangeiros, com ênfase em um desenvolvimento planejado e equilibrado, bem como na eliminação da competição e da duplicação das indústrias. No fim, a Cepal teve de abandonar esses planos antes que os Estados Unidos aceitassem endossar a criação de um mercado comum.

O resultado das negociações foi a criação do MCCA, em 1961. O seu impacto ficou evidente de imediato: o comércio intrarregional aumentou 32% por ano, entre 1962 e 1972. A natureza dos bens comercializados mudou de produtos agrícolas *in natura* para bens de consumo não duráveis. Em El Salvador, a natureza da indústria mudou da importação de itens de substituição para a exportação de componentes; o resultado foi a multiplicação de *maquilas*, nome dado às montadoras.

Para companhias norte-americanas como a Maidenform (roupas de baixo femininas) e a Texas Instrument (calculadoras de mão), esse processo aumentou de modo significativo suas margens de lucro, porque o item 807 do Código Tarifário dos Estados Unidos exigia que os impostos fossem pagos só sobre o "valor agregado" ao produto, quer dizer, o custo da mão de obra. Com salários médios em torno de quatro dólares por dia, a importação dessas empresas de produtos em El Salvador começou a crescer. Em 1975, seu valor estava em 12 milhões de dólares e, quatro anos depois, tinha mais do que dobrado, atingindo 25,9 milhões.

As reformas econômicas do início da década de 1960 começaram atraindo tanto investimentos domésticos quanto estrangeiros. A Aliança para o Progresso, iniciada pelo presidente John F. Kennedy, ajudou a criar a aura de um tempo de crescimento mediante a alocação de fundos para habitação, construção de escolas e centros de saúde, implementando projetos de água encanada e tratamento de esgotos. O Exército salvadorenho começou a fornecer trabalhadores para vários projetos de construção de obras públicas e, embora essa estratégia demonstrasse que ele estava "trabalhando para o povo", também privou os civis de centenas de postos de trabalho, em um país em que a taxa de desemprego variava entre 30% e 57%.

A expansão industrial ocorreu sem ser acompanhada por maior oferta de emprego porque as fábricas importavam maquinário moderno que exigia menos operadores. Além disso, o governo não proporcionou incentivos à indústria com intenso uso de mão de obra. Pelo contrário, o objetivo declarado do plano de desenvolvimento do governo para 1965-1969 era o de promover "o uso de modernos equipamentos e métodos" de produção, uma política que foi oficialmente incentivada, primeiro por importações não tarifadas de equipamentos e, em segundo lugar, pelo fornecimento de empréstimos a juros baixos para a aquisição de máquinas por parte do Instituto Salvadorenho de Desenvolvimento Industrial.

Na indústria, como na agricultura, a oligarquia visava acima de tudo à sua margem de lucro e *não* ao *desenvolvimento* econômico da nação. De acordo com dois analistas econômicos independentes de El Salvador, os investidores locais tinham o hábito de receber entre 25% e 40% de retorno sobre seus investimentos, em comparação com as expectativas de norte-americanos, canadenses e europeus, que esperavam entre 10% e 12%. Como havia alternativas de investimento tanto dentro como fora do país, os patamares mais elevados eram uma meta realista para a elite econômica.

Peter Dumas, um cubano que na década de 1970 era sócio e gerente-geral do Sheraton Hotel em San Salvador, disse que tinha vindo para El Salvador com a ideia de que em um investimento de um milhão de dólares ele perderia 5% no primeiro ano, 2% no segundo, ganharia 3% no terceiro e 12% daí em diante. Mas, disse, os salvadorenhos "achavam que eu estava louco. Eles queriam 100% de lucro no primeiro ano".

No setor agrícola, a lei do salário mínimo para os trabalhadores do campo, aprovada pela Assembleia Legislativa em 1965, deveria promover um novo e melhor padrão de vida para os campesinos salvadorenhos. No entanto, teve como efeito criar mais milhares de sem-terra e desempregados ou subdesempregados. Como dissemos, colonos e parceiros eram um componente integral das fazendas havia gerações. Entretanto, em 1965, o governo decidiu que chegara o momento de abolir esse vestígio de feudalismo. O fornecimento de comida e/ou de pequenos lotes de terra foi oficialmente desencorajado, assim os colonos e parceiros deveriam passar a ser trabalhadores do campo, com salários pagos pelos donos da terra. Essa medida teve um efeito dramático. O censo de 1971 registrou um declínio de 69,5% no número de colonos, em relação à década anterior, e aumento correspondente no número de campesinos sem-terra, que antes era de 11,8% e passou a ser de 29,1 %, computando-se todos os salvadorenhos em áreas rurais. Em 1975, esse número crescera mais uma vez, atingindo 40,9%.

Essa história, repetida como variações do mesmo tema em El Salvador e em muitos outros países da América Latina e do mundo em desenvolvimento, tem a mesma conclusão. Como Román Mayorga Quiroz, reitor da Universidade Jesuíta Centro-Americana José Simeon Cañas, escreveu em sua introdução à primeira edição da *Revolução em El Salvador: origens e evolução*, "em 1900 havia apenas um milhão de salvadorenhos; portanto, matematicamente, não poderia haver mais de um milhão de pobres. Em 1979, havia cinco milhões de salvadorenhos, dos quais quatro milhões eram pobres". Acrescente-se a isso que os ricos ficaram mais ricos, ao passo que os pobres se tornaram mais numerosos. Outra lição que se pode tirar desse processo é a de que *crescimento* econômico *não* é o mesmo que *desenvolvimento* econômico. Se a política adotada pelos governos para assegurar uma porção razoável da riqueza gerada pelo *crescimento* econômico não for usada para o *desenvolvimento social*, com educação, atendimento à saúde e condições decentes de habitação para o povo, o desenvolvimento econômico não ocorrerá. Isso explica por que o número de consumidores não cresce. Na realidade, no caso de El Salvador, pode-se dizer que o contingente de consumidores diminuiu acentuadamente em 1970, tanto em números absolutos quanto em poder de compra. Essa realidade, somada aos acontecimentos políticos que serão discutidos a seguir, contribuiu enormemente para o desenvolvimento do movimento revolucionário em El Salvador na década de 1970.

A *"guerra do futebol"*. As políticas de governo em El Salvador não foram o único fator a contribuir para o dramático aumento no número dos sem-terra. A outra razão foi a "guerra de cem horas" em 1969, entre El Salvador e Honduras. Essa breve, porém sangrenta, batalha deixou vários milhares de mortos e pelo menos cem mil salvadorenhos sem teto. Chamada de "guerra do futebol" pelos jornalistas, porque aconteceu após uma série de jogos muito violentos entre ambos os países, na rodada de classificação de 1969 para a Copa do Mundo do ano seguinte, a miniguerra foi de fato resultante de, pelo menos, três outros problemas muito mais profundos.

Os dois países tinham antigos conflitos de fronteiras, que datavam da época da independência. Além disso, divergiam profundamente quanto ao efeito que o MCCA teria sobre suas respectivas economias. El Salvador viu sua balança comercial dentro do istmo aumentar de modo acentuado, assim que começou a produzir bens de exportação. Honduras assistiu ao efeito inverso, pois sua balança comercial piorou. Nesse ínterim, Honduras beneficiava-se de uma balança favorável fora da região, graças à exportação de itens como banana, madeira e carne bovina. Essa situação causou ressentimento crescente da parte dos líderes hondurenhos, quando perceberam que, na realidade, seu país estava subsidiando o desenvolvimento industrial dos vizinhos, em particular de El Salvador.

Finalmente, o fator que desencadeou a guerra foi a presença em Honduras de, pelo menos, trezentos mil colonos salvadorenhos imigrantes. Muitos destes já estavam na segunda geração e a maioria tinha tido sucesso na exploração da terra em suas pequenas glebas. Em abril de 1969, valendo-se de uma nova lei da reforma agrária, Honduras notificou os agricultores salvadorenhos de que tinham trinta dias para deixar suas terras. Em junho, Honduras inverteu sua política de portas abertas aos imigrantes e fechou as fronteiras.

El Salvador reagiu fechando *suas* fronteiras aos imigrantes e formalizando uma queixa perante a Comissão Interamericana de Direitos Humanos. Em 14 de julho, El Salvador invadiu Honduras, destruiu a maior parte de sua Força Aérea em solo e ganhou território suficiente para bloquear as estradas de saída para Nicarágua e Guatemala. Cinco dias depois a guerra terminou, graças a um cessar-fogo arbitrado pela Organização dos Estados Americanos (OEA), mas em grande medida em virtude da pressão do governo dos Estados Unidos, que ameaçou o de El Salvador com sanções econômicas. Em El Salvador, a guerra se tornou bastante popular e serviu, por algum tempo, para desviar a atenção pública dos problemas econômicos internos, cada vez maiores. A longo prazo, entretanto, a "guerra do futebol", que custou 20% do orçamento anual do país, só exacerbou as condições econômicas já deterioradas.

Esses problemas pioraram no final da década de 1960 e início dos anos 1970. Os preços do café no mercado mundial despencaram; pragas e secas afetaram maciçamente a safra do algodão; o excedente de cana-de-açúcar se acumulou com a queda drástica nos preços. Os investimentos privados declinavam à medida que aumentavam os déficits nos pagamentos internacionais. O governo foi forçado a sustar muitos projetos de obras públicas e programas de bem-estar social. O desemprego cresceu. Essas condições fomentaram a insatisfação popular, levando os desempregados às ruas pela primeira vez desde 1959, para exigir uma solução. Os sindicatos uniram-se aos protestos e muitos operários e professores entraram em greve. O governo reagiu acusando os manifestantes de simpatizantes do comunismo.

Os limites da abertura democrática

Ao longo de toda a década de 1960, o governo militar permitiu a participação dos partidos políticos da oposição, e até mesmo tolerou sua expansão. Nos anos 1970, porém, o sucesso cada vez maior da oposição fez que a oligarquia se tornasse mais e mais inquieta. A expansão da oposição política também foi acompanhada por crescente mobilização dos operários, das organizações trabalhistas e das Comunidades Cristãs de Base, o que foi deixando os militares cada vez mais nervosos. Em vez de permitir que a oposição se ampliasse ainda mais, o regime militar tentou diminuir seu poder, primeiro fraudando eleições e, depois, recorrendo à repressão. Isso resultou em severa deterioração do ambiente sociopolítico e, por fim, levou à dissolução da sociedade salvadorenha como um todo.

Em setembro de 1971, os democrata-cristãos, com o MNR e a UDN, formaram a União Nacional da Oposição (UNO), para participar das eleições de 1972. Essa coalizão escolheu José Napoleón Duarte, o popular prefeito de San Salvador, como seu candidato à presidência. Apesar de Duarte liderar as pesquisas de intenção de voto, quando a cobertura de rádio da eleição foi encerrada, o resultado deu como vencedor o PCN. Houve muitos protestos e tentativas de anular a eleição. Um golpe de Estado a favor de Duarte não obteve êxito. Os militares da oposição foram exilados com Duarte. O candidato do PCN, coronel Arturo Molina, assumiu a presidência.

As eleições presidenciais de 1972 e a fraude eleitoral que a acompanhou foram um divisor de águas na política salvadorenha. Por mais de uma década, vários regimes haviam tolerado o crescimento dos partidos da oposição, e a oposição tinha demonstrado sua capacidade organizacional e eleitoral. O crescimento e o êxito dos democrata-cristãos e de outros partidos da oposição foram alarmantes para as elites, que temiam que uma vitória da oposição resultasse em uma reforma agrária capaz de ameaçar sua subsistência. A vitória do candidato marxista Salvador Allende e de seu partido – Unidade Popular – nas eleições presidenciais do Chile, depois de um presidente democrata-cristão, acendeu os temores da elite salvadorenha e dos membros mais conservadores do Exército de que também em El Salvador a vitória dos democrata-cristãos abriria caminho para a esquerda assumir o poder. Por isso, embora os democrata-cristãos salvadorenhos tivessem desempenhado um papel valioso na legitimação do processo eleitoral, não puderam chegar ao poder. As eleições de 1972 demonstraram que a democratização por meio de eleições seria inatingível. A opção eleitoral foi essencialmente retirada da mesa de negociações. Foi nesse cenário que se intensificou a mobilização popular, bem como endureceu a repressão que se lhe seguiu.

2. A Organização da Revolução: 1970-1980

Em *A tempestade*, William Shakespeare escreveu "o passado é prólogo". Essas palavras nunca foram tão verdadeiras quanto ao serem aplicadas aos eventos em El Salvador durante a década de 1970. A repressão política e a opressão econômica das décadas precedentes combinaram-se com a abertura do espaço político nos anos 1960 e início dos 1970 para animar as esperanças de uma mudança democrática, esperanças que seriam abortadas na eleição presidencial de 1972, assim como ocorrera quarenta anos antes. Dessa vez, no entanto, havia forças novas em ação, de ordem tanto regional quanto internacional e doméstica.

Influências regionais

No âmbito regional, na vizinha Guatemala, a oeste, uma guerra civil era ameaça constante, desde a derrubada do presidente Jacobo Arbenz, em 1954, e terminou em um golpe patrocinado pela CIA. Embora a longa batalha do povo guatemalteco decerto tenha tido seu impacto sobre os revolucionários salvadorenhos, a influência mais poderosa e imediata foi a Frente Sandinista de Libertação Nacional (FSLN), da Nicarágua. Inspirando-se no nome do célebre adversário da ocupação americana da Nicarágua na década de 1930, Augusto Cesar Sandino, em menos de um decênio três grupos ideologicamente distintos se uniram e, em julho de 1979, derrubaram seu ditador de longa data, Anastasio Somoza Debayle.

Não só muitos revolucionários salvadorenhos lutaram ombro a ombro com os sandinistas, e com isso adquiriram importante experiência militar, como também os salvadorenhos levaram para casa a lição criticamente essencial da união. Os nicaraguenses deixaram de lado suas diferenças ideológicas, que iam de políticos moderados a marxista-leninistas e social-democratas, para formar uma organização revolucionária coesa que conseguiu mobilizar o povo nicaraguense e levá-lo a uma insurreição bem-sucedida contra o ditador. Os salvadorenhos decidiram que, se os nicaraguenses tinham conseguido, eles também poderiam fazê-lo.

A outra importante influência regional em El Salvador foi Cuba, meca dos revolucionários latino-americanos. Cuba proporcionou treinamento, aconselhamento, atendimento de saúde aos guerrilheiros feridos e, muito provavelmente, dinheiro para os revolucionários salvadorenhos. Não há evidência, apesar de afirmativas em contrário dos norte-americanos, de que Cuba tenha fornecido alguma vez armas, como o fizera com a Nicarágua. Mas, é certo que apoiou as negociações de paz patrocinadas pelas Nações Unidas, no final dos anos 1980. Nas décadas de 1970 e 1980, porém, Cuba foi uma inspiração e uma aliada da revolução salvadorenha.

Por fim, os salvadorenhos teriam enorme dificuldade para construir uma base internacional de apoio, algo que, no início, conseguiram com grande sucesso, não fosse o apoio e o patrocínio que depois receberiam do governo mexicano. O México serviu de exílio e local de descanso para muitos revolucionários salvadorenhos. Mais importante ainda, permitiu-lhes que, baseados na Cidade do México, conduzissem seus esforços diplomáticos, subsidiando reuniões que se realizaram por todo o país e oferecendo locais gratuitos para o funcionamento de seus escritórios. Do ponto de vista político, o apoio mexicano foi significativo porque entrou diretamente em choque com a política dos Estados Unidos, cujo objetivo era derrotar militarmente os revolucionários de El Salvador.

Influência internacional e a Igreja Católica Romana

Os revolucionários salvadorenhos estabeleceram e mantiveram contato com diversos governos revolucionários em todo o mundo, incluindo-se a União Soviética, o Leste europeu e o Vietnã, tarefa que foi facilitada pela longa, embora clandestina, existência do Partido Comunista Salvadorenho. Ainda assim, a influência internacional mais importante veio inesperadamente, como resultado do Concílio Vaticano II, em 1962, e de modo mais imediato da Conferência Latino-Americana dos Bispos Católicos, em Medellín, na Colômbia, em 1968. Esses eventos abriram a Igreja Católica para novos modos de pensar e praticar a pastoral, desenvolvidos sob a rubrica da Teologia da Libertação. Num intervalo de poucos anos, a Igreja – em muitas partes da América Latina – mudou seu enfoque de uma visão sacramentalista tradicional, para outra profundamente pastoral, em que os leigos se tornaram os agentes centrais da vida nas paróquias locais. Em El Salvador, os esforços de *conscientização* da Igreja Católica, com a crença cada vez mais consistente nos progressistas e radicais, combinaram-se para contribuir para um poderoso movimento sociopolítico que terminaria em violência, guerra e, enfim, profundas mudanças políticas.

A mobilização popular foi o resultado da abertura política e de evidências cumulativas de que era impossível uma oposição eleitoral efetiva e potencialmente bem-sucedida. O desenvolvimento das Comunidades Eclesiais de Base pela Igreja Católica, no final da década de 1960 e na década seguinte, encorajou a organização de entidades populares e a denúncia de injustiças. As CEBs foram estabelecidas em El Salvador para levar os ensinamentos da pastoral à população, difundindo as mensagens reafirmadas pelo Concílio Vaticano II em Medellín. Nessa oportunidade, os bispos convocaram a Igreja a denunciar as injustiças, a defender os oprimidos e a estabelecer "uma opção preferencial pelos pobres". O desenvolvimento das CEBs por toda a região foi um reflexo dessas crenças.

As CEBs estimularam a organização da comunidade e o processo coletivo de tomada de decisões. Não surpreende que alguns membros das comunidades revestissem de teor político essas práticas e ensinamentos. Incorretamente, muitos deles tentaram vincular a Teologia da Libertação ao marxismo. Na realidade, a mensagem de justiça social proferida pela Igreja foi interpretada como "comunista" e "subversiva" pela direita. Como comentou o arcebispo Oscar Romero em 1977 – pouco antes da posse daquele que seria o último presidente militar em El Salvador, o general Humberto Romero (não há entre eles nenhum grau de parentesco) –, no instante em que alguém propor defender os pobres em El Salvador, "a situação inteira será questionada. É por isso que não têm nenhum outro recurso senão nos chamar de subversivos, e é isso que somos". Ser chamado de "subversivo" tornava qualquer um, até mesmo padres e freiras, alvo certeiro para os militares, as forças de segurança e os esquadrões da morte. Entre 1972 e 1989, 18 padres católicos, um seminarista, um pastor luterano e três freiras, além de um irmão leigo dos Estados Unidos, foram assassinados ou desapareceram, porque haviam trabalhado com os pobres, defendendo os direitos humanos, ou se pronunciado a favor destes.

A "VOZ DOS QUE NÃO TÊM VOZ": O ARCEBISPO OSCAR ARNULFO ROMERO

A escolha do monsenhor Oscar Romero pelo Vaticano, com decidida influência do núncio papal local e da oligarquia, foi vista por todos os envolvidos na "igreja popular" como um significativo retrocesso em relação a seu aberto e receptivo (mas de modo algum radical) predecessor, Luis Chavez y González. Chavez, com muitos outros padres, religiosos e irmãos leigos, todos progressistas, esperava que o bispo auxiliar Arturo Rivera Damas fosse escolhido. Mas o Vaticano queria alguém que não desafiasse o governo militar. Não poderiam ter cometido erro maior.

Oscar Romero era o bispo de Santiago de Maria, uma pequena diocese rural na região leste de El Salvador. Calado e discreto, nunca tinha dado margem a polêmicas e era considerado muito conservador, tanto teológica quanto politicamente. Seus críticos mais severos consideravam-no um aliado da oligarquia e, por extensão, dos militares. Havia grande apreensão de que viesse a sustar, ou até mesmo reverter, os bem-sucedidos esforços de evangelização que a arquidiocese colocara em andamento no final da década de 1960. Durante esse período, e até 1987, a arquidiocese abrangia quatro departamentos (províncias), 40% da população e 57% dos sacerdotes e religiosos. Por isso, exercia considerável influência, que se estendia muito além das fronteiras da diocese.

Romero teve a oportunidade de mostrar do que era feito um dia antes de sua nomeação como arcebispo. O governo havia prendido o frei Rafael Barahona pela segunda vez e o torturara na prisão. No dia seguinte à posse de Romero, o novo arcebispo foi ao presidente, o coronel Arturo Molina, e exigiu que Barahona fosse solto. Molina disse que o libertaria, mas acrescentou: "Você não pode nos pedir para tratar os padres de modo diferente, enquanto não voltarem a se ocupar de seu ofício básico, que é a religião. Esses padres de vocês", Molina continuou, "se tornaram políticos e eu considero você responsável pelo comportamento deles". Sem hesitar, Romero respondeu: "Com todo o devido respeito, Sr. presidente, nossas ordens vêm de alguém mais elevado".

Três semanas depois, o assassinato do frei jesuíta Rutilio Grande, chegado a Romero, consolidou sua posição diante do governo. Em entrevista concedida três meses antes de morrer, Romero comentou sua "transformação":

> Encontrei aqui muitas comunidades e clérigos comprometidos, que refletem muito sobre a situação do país. Alguns deles temeram que eu parasse com tudo e perguntaram o que eu pensava em fazer. Minha resposta foi que eles deveriam continuar e tentaríamos nos entender bem uns com os outros, trabalhando para promover a obra da Igreja, como nos havia sido solicitado pelo Concílio Vaticano II em Medellín. A morte do padre Grande, assim como a de outros sacerdotes, forçaram-me a tomar uma atitude enérgica perante o governo. Lembro-me de que, por causa da morte do padre Grande, declarei que não participaria de nenhum ato oficial enquanto essa situação [que matou Grande] não fosse esclarecida. Fui criticado muito duramente, em particular pelos diplomatas. Decorreu disso uma

ruptura, não de minha parte em relação ao governo, mas por parte do próprio governo, em decorrência de sua atitude.

Apoio todos os sacerdotes nas comunidades. Conseguimos coligar bem a missão pastoral da Igreja em sua preferência pelos pobres com a declarada defesa dos oprimidos e, a partir daí, clamar pela libertação do povo. (Dezembro de 1979.)

O monsenhor Romero compreendia claramente que seu comprometimento seria condenado pelos poderosos. Essa condenação teve início quando ele não aceitou comparecer à posse do sucessor de Molina, o general Humberto Romero. Explicou que era melhor correr o risco de exacerbar as tensões entre o governo e a Igreja do que aparecer e, desse modo, abençoar um sistema caracterizado por repressão, corrupção e fraude.

A Igreja Católica pagou alto preço por seu comprometimento com a justiça social. Em 1972, o frei Nicolás Rodríguez foi sequestrado pela Guarda Nacional; seu corpo só apareceu vários dias depois, esquartejado. Entre março de 1977 e junho de 1981, dez outros sacerdotes e uma seminarista foram assassinados. Pelo menos sessenta padres foram expulsos ou forçados a deixar o país. Alguns desses – e outros – foram capturados, espancados e torturados antes de serem libertados. Freiras também foram atacadas e, como já observamos, três delas foram mortas em dezembro de 1980. Após o assassinato de Romero enquanto oficiava uma missa, dezenas de padres e freiras foram exilados, enquanto um pequeno grupo continuava com seus ministérios em áreas do país controladas pela guerrilha. A ignomínia final ocorreu no dia 15 de novembro de 1989, quando uma unidade armada de elite, treinada pelo governo dos Estados Unidos, entrou na Universidade Centro-Americana José Simeón Cañas e matou seis professores jesuítas, incluindo-se o reitor, o zelador de sua residência e a filha deste.

A crescente dedicação de Romero em denunciar as violações dos direitos humanos e as injustiças econômicas colocou-o em conflito com os demais bispos, basicamente conservadores, e o tornou adversário do Vaticano, onde, poucas semanas antes de sua morte, havia sido convocado a se reunir com altas autoridades. Deixaram-no aguardando dois dias antes de conseguir uma audiência com o papa. O silêncio do Vaticano seguramente contribuiu para a crença, entre a extrema direita de El Salvador, de que Romero não tinha o apoio do papa e de que Roma não ficaria infeliz se ele saísse de cena.

A Igreja e o movimento revolucionário

No final da década de 1960 havia grande esperança e empolgação entre padres e freiras, em especial na arquidiocese de San Salvador, diante da nova linha pastoral que havia sido endossada em Medellín e estava recebendo o apoio decidido do então arcebispo Luís Chávez y González. A história de uma certa paróquia, a apenas 30 quilômetros ao norte da capital, não só ilustra o trabalho das CEBs em El Salvador, como também o elo entre a nova atividade pastoral e o aumento de sua atuação política. Não é conhecido, em geral, o fato de que a Igreja, no nível paroquial, ajudava a difundir as organizações populares de massa que, em menos de seis anos, levaram El Salvador às portas da revolução. A experiência da paróquia de Suchitoto e seus sacerdotes, José Inocêncio (Chencho) Alas e seu irmão, Higino, revela a conexão entre a Igreja e tais entidades.

Chencho Alas chegou em Suchitoto em dezembro de 1968. Em dois meses, havia diversas Comunidades Eclesiais de Base em funcionamento e, em pouco tempo, 32 delas foram estabelecidas. Em fevereiro de 1969, o padre deu início a um curso com dois meses de duração, em que as CEBs discutiam temas bíblicos, a estrutura e a ação das próprias Comunidades. Segundo entrevistas concedidas por Alas no início da década de 1980, o objetivo do curso era "preparar as pessoas, de acordo com Medellín, para conseguir construir seu próprio destino". Ao final do curso, as CEBs escolheram 19 campesinos como emissários da Palavra, e estes receberam outro ciclo de treinamento e um curso de oratória.

Enquanto esses cursos estavam em andamento, o tenaz problema do uso da terra por arrendatários alcançava um ponto crítico em Suchitoto. Miguel Angel Salaverría, Roberto Hill e outros oito dos mais ricos oligarcas do país criaram, em 1969, uma empresa privada chamada Loteamentos Rurais de Desenvolvimento, cujo objetivo declarado era "contribuir para o desenvolvimento agrícola do país, promovendo a propriedade rural particular, explorada racionalmente e administrada com eficiência, por meio de um sistema de créditos para a aquisição de lotes". Entre 1970 e 1975, esse grupo adquiriu 22 propriedades, 8.682 hectares no total, subdividiu a terra e revendeu-a em lotes que, em média, tinham 6,4 hectares. Números da empresa, fornecidos por Salaverría, indicam que o preço médio de compra do hectare era de 279 dólares; entretanto, após os custos adicionais da compra, com investimentos, melhorias na propriedade, taxas, juros e despesas operacionais, o preço do hectare se elevava para 501 dólares, sendo o preço médio de venda do hectare 629 dólares, para uma propriedade que, em geral, tinha 6,4 hectares. Portanto, cada lote custava, em média, 4 mil dólares. O adiantamento de 20% de um interessado significava que ele deveria desembolsar 800 dólares em dinheiro vivo, montante que estava muito aquém das possibilidades do campesino salvadorenho normal. Eram fornecidos empréstimos a 12%, pagáveis em oito anos.

Conforme José Alas, Roberto Hill comprou a fazenda La Asunción, perto de Suchitoto, por 139 dólares o hectare, desmembrou-a e a recolocou no mercado em lotes cujo hectare custava entre 400 e 971 dólares. Essa manobra enfureceu de tal modo os campesinos que eles mobilizaram a cidade inteira e três mil pessoas foram a uma passeata diante da fazenda, para exigir preços mais baixos pela terra. Como não receberam resposta, quatrocentos campesinos decidiram então protestar em San Salvador, na primeira manifestação popular (não promovida pelo governo) desde 1932.

Por coincidência, na época em que ocorreu essa passeata de protesto, estava sendo realizada no arcebispado a reunião mensal dos clérigos, e Alas se valeu da oportunidade para pedir aos outros prelados e ao arcebispo Chávez que se manifestassem em apoio à causa dos campesinos. Alas recorda que Chávez, sem nunca ter sido solicitado a tomar essa espécie de atitude antes, "não sabia exatamente o que fazer. Entretanto, não se opôs à ideia". Segundo Alas, o resultado foi "uma reunião muito violenta porque, naquele tempo, era muito difícil para o clero aceitar uma tarefa dessas. Eles acreditavam que o trabalho que deveria ser feito no campo era o da evangelização, definida como a ministração dos sacramentos". No fim, Chávez e outros dois padres, Alfonso Navarro e Rutilio Sánchez, que estavam trabalhando com Alas em Suchitoto nessa ocasião, apoiaram Alas e a exigência dos campesinos de que o preço do hectare fosse de 286 dólares. Esse protesto mobilizou o Congresso Nacional, cuja oposição estava apenas a dois votos de obter a maioria, e foi aprovada então uma lei que obrigava Hill a vender o hectare por 286 dólares. Hill e outros oligarcas ficaram lívidos, mas entre os campesinos "foi criada uma atmosfera muito positiva".

Em abril de 1969, Alas começou a ministrar um curso semanal sobre justiça e paz para os emissários da Palavra, pois estes haviam sido os temas principais em Medellín. Essas sessões, afirmou Alas, sempre começavam "com a Celebração da Palavra e a comunhão". Iniciado com este e fortalecendo-se com outros que se seguiram, ficou cada vez mais claro o reconhecimento "da necessidade de se formar uma organização popular capaz de lidar com o Estado". Durante os cinco anos seguintes, Alas, que recebera a adesão de seu irmão Higino em 1972, continuou ministrando cursos nas CEBs, notadamente sobre temas bíblicos. Em 1973, contudo, começaram a estudar as ideologias socialista e capitalista de forma sistemática. Alas dissera que, antes, temas expressamente políticos eram abordados de vez em quando, como na eleição presidencial de 1972, ocasião em que haviam discutido a reforma agrária, mas que nunca haviam estudado sistematicamente esses temas.

Em outubro de 1972, o governo anunciou sua intenção de construir uma segunda represa, a de Cerron Grande, no rio Lempa, acima de Suchitoto. Esse projeto inundaria milhares de hectares. Esse fato e as eleições municipais e nacionais declaradamente fraudulentas, em março de 1974, serviram para convencer os campesinos de que precisavam de uma organização mais formal para lutar por suas exigências perante o governo nacional. Após essas eleições, os campesinos, com a Frente Unida de Estudantes Salvador Allende (Fuersa), o sindicato dos professores Andes-21 e a Federação Cristã de Campesinos Salvadorenhos (Feccas), realizaram duas reuniões em Suchitoto para criar sua entidade nacional. Essa organização, intitulada Frente de Ação Popular Unificada (Fapu), foi formalmente fundada em abril de 1974, durante uma reunião entre José Alas, um grupo de campesinos e representantes da Federação Unitária de Sindicatos de El Salvador (Fuss), da Fuersa, do Andes e do Partido Comunista Salvadorenho (PCS), entre outros, na basílica do Sagrado Coração em San Salvador.

Assim, pela primeira vez na história da América Latina, uma organização popular de massa brotou diretamente dos esforços de evangelização da Igreja Católica. Como veremos, embora o cordão umbilical que unia a Igreja e a Fapu fosse rapidamente cortado, a influência da Igreja permaneceria visivelmente forte. Como comentou o comandante Raúl Hercules, da FMLN, em conversa com o médico norte-americano Charlie Clements, em 1982,

> fui criado na mensagem dos padres Alas e Grande. Embora outros dissessem que nunca conseguiríamos mudar nada usando as armas, achávamos que era possível. Fizemos passeatas de protesto, nos organizamos e dissemos "não" pela primeira vez em nossa vida. [Então] Alas foi sequestrado ... e encontrado morto. Padre Rutilio foi fuzilado. Meu próprio pai foi esquartejado ... Nós sabíamos pelo que estávamos lutando.

Enquanto todos esses acontecimentos se desenrolavam na Igreja, os sindicatos, muitos ilegais, também cresciam velozmente no mesmo período. Em 1962, havia 78 sindicatos reconhecidos pela lei. Esse número subiu para 121 em 1971, com quase o dobro do contingente de inscritos. Os sindicatos tornaram-se bastante politizados durante esse período, conforme

A Revolução Salvadorenha

seus integrantes iam sendo progressivamente coagidos pela repressão. À medida que a repressão aumentava, iam se apagando mais e mais as linhas demarcatórias entre a afiliação aos sindicatos e às organizações populares de base e os movimentos guerrilheiros.

O contexto político da década de 1970

A resposta a essa radicalização política foi o aumento da repressão. Organizações militares e paramilitares anticomunistas intensificaram suas atividades de maneira significativa após as eleições de 1972. A Ordem Democrática Nacional (Orden) foi formada em 1966 pelo Exército, com o propósito de sufocar o comunismo por meio de doutrinações ou assassinatos, se necessários. A Orden logo foi seguida pelo aparecimento de "esquadrões da morte". Em 1975, as Forças Armadas de Libertação Anticomunista de Guerras de Eliminação (Falange) e a Mão Branca patrulhavam o campo com o objetivo explícito de exterminar os "comunistas". O lema "Seja patriota, mate um padre" demonstrava a truculência dessas organizações, para as quais ninguém que eles considerassem "subversivo" estava a salvo. O major Roberto D'Aubuisson, antigo diretor de Inteligência, foi peça-chave no desenvolvimento desses grupos, financiados pelos empresários ricos, conhecidos coletivamente como Frente Ampla Nacional (FAN).

A eleição presidencial de 1977, que ocorreu em meio a protestos e violência social, serviu de testemunho adicional de que a possibilidade de reformas por meio de eleições não existia quando o candidato do PCN, Carlos Humberto Romero, derrotou o candidato da UNO, o coronel aposentado Ernesto Claramount. Notícias de irregularidades na contagem dos votos foram divulgadas de modo amplo. Claramount e seus partidários (uma multidão que em poucos dias tinha cinquenta mil integrantes) reuniram-se na Plaza Libertad [praça da Liberdade], em San Salvador, para protestar. A polícia nacional abriu fogo contra os manifestantes e matou dezenas. Claramount exilou-se, e Romero assumiu a presidência.

TOMMIE SUE-MONTGOMERY E CHRISTINE WADE

AS ORGANIZAÇÕES POLÍTICO-MILITARES

Enquanto a oligarquia e o regime salvadorenhos continuavam se comportando como faziam havia décadas, a esquerda começava a se organizar. Após 1932, o PCS foi proscrito e seus integrantes, submetidos a severa repressão nas décadas seguintes. Mesmo assim, como declarou o partido por ocasião do 50° aniversário da insurreição de 1932, "apesar de tudo, foi a única organização revolucionária capaz de oferecer resistência durante décadas de ataques repressores desfechados por vários governos que encadearam uma cruel sucessão de ditaduras reacionárias".

Seus líderes foram, muitas vezes, encarcerados e torturados. Um deles, Salvador Cayetano Carpio, escreveu sobre suas experiências na prisão do governo "reformista" de Oscar Osorio, durante os primeiros anos da década de 1950. Nos anos 1960, Cayetano Carpio tornou-se secretário-geral do partido e, quando surgiu um debate sobre se era novamente chegada a hora para a luta armada, ele liderou a facção dos comunistas favorável a ela. Ele explicou o que aconteceu, em entrevista para a *Prensa Latina*, em fevereiro de 1980:

> Após um longo processo de debates ideológicos dentro das organizações tradicionais [partidos políticos], ficou evidente que ... eles negavam a possibilidade e a necessidade de o povo salvadorenho ser levado a colocar em prática o processo da luta armada revolucionária ... Por volta do final de 1969, ficou claro que El Salvador, o povo, precisava de uma estratégia geral em que todos os métodos de combate poderiam ser usados em conjunto, de maneira dialética.

O próprio PCS admitiu, em declaração de janeiro de 1982, que "apareceram tendências que, ao avaliar o levante de 1932 apenas com base em seus resultados, renunciaram à luta armada e, com isso, deram margem a posições reformistas que então se perpetuaram". Na entrevista à *Prensa Latina*, Carpio chamou as "tendências" de "maioria teimosa" que bloqueava o avanço rumo a uma estratégia político-militar de que o povo precisava para se encaminhar na direção de novos estágios da luta, sem a qual "não teria havido a menor necessidade de criar ... as Forças Populares de Libertação (FPL)". Carpio renunciou ao partido, passou à clandestinidade com um pequeno grupo de seguidores e começou a construir a primeira das Organizações Político-Militares (OPMs), as FPL.

Não por acaso a Organização Político-Militar foi a auto-descrição das organizações revolucionárias de El Salvador, pois desde o começo foram mais do que apenas grupos armados. Cada um tinha uma clara ideologia política à qual se apegava tenazmente. No final da década de 1970, essa mesma tenacidade impedia o processo de união que todos reconheciam como necessário para que pudessem alcançar a vitória.

Nesse ínterim, em 1972 foi fundada uma segunda Organização Político-Militar. O Exército Revolucionário do Povo (ERP) também saiu do Partido Comunista, mas sua composição era mais variada: a Juventude Comunista, os jovens do Partido Democrata-Cristão e elementos do setor radicalizado da burguesia salvadorenha. Em contraste com a juventude de quase todos os integrantes do ERP, Carpio tinha cinquenta anos na época em que renunciou ao partido.

Tanto as FPL quanto o ERP tinham uma concepção fortemente militarista da luta revolucionária. Como disse Carpio em sua entrevista, "a luta armada seria o principal fio de ligação coligando as pessoas em seu fervor revolucionário e, para o processo, ela se tornaria o elemento básico da destruição das forças contrarrevolucionárias". Embora as FPL não reconhecessem a necessidade de uma "estratégia político-militar", o aspecto político seria, por vários anos ainda, tratado como menos importante do que o militar. O ERP adotou inicialmente a teoria do "foco" (ou "núcleo", termo revolucionário latino-americano que se refere a um pequeno grupo de revoltos os armados e comprometidos, no campo, que não precisam de um movimento de massa para triunfar). Promovida por Regis Debray em seu livro *Revolução dentro da revolução* e celebrizada pela revolução cubana, essa estratégia também foi adotada pelos sandinistas nos primeiros anos de sua luta armada e se tornou um divisor de águas no seio da organização. A liderança dessas organizações e das subsequentes veio, em certa medida, da Igreja. Carpio estudou por algum tempo no Seminário do Concílio, em El Salvador. Havia muitos cristãos radicais entre os líderes do ERP na década de 1960. Um grande grupo de filiados da Resistência Nacional (RN), facção do ERP, era composto por protestantes e havia, pelo menos, dois ministros batistas.

No ERP, duas tendências apresentaram-se desde o início. Uma, como já mencionamos, enfatizava a via militar, ao passo que a outra, a Resistência Nacional (RN), acreditava que era necessária uma ação tanto política quanto militar. Os membros da RN trabalharam em silêncio com os campesinos de Suchitoto, em 1973-1974, em especial quando o Projeto da Represa Cerron começou a ser implementado. Sem o conhecimento de Chencho Alas, encorajaram a formação da Fapu, em 1974. Por isso, embora seja correto, como já dissemos, afirmar que a primeira organização popular saiu da Igreja, também é verdade que alguns membros das Organizações Político-Militares trabalhavam para o mesmo fim: a organização popular.

As diferenças de linhas ideológicas nas OPMs levaram diretamente à primeira grande crise entre as organizações revolucionárias. A facção da RN que ajudara a difundir a Fapu incluía Roque Dalton, o mais destacado poeta de El Salvador na época. A insistência de Dalton na necessidade de uma linha de ação tanto política quanto militar levou a uma decisão coletiva dos integrantes da linha dura (que incluía Joaquin Villalobos, considerado na década de 1980 o mais eficiente comandante militar da FMLN) de acusá-lo de traição, julgá-lo à revelia, considerá-lo culpado e condená-lo à morte.

O assassinato de Dalton, em maio de 1975, provocou uma cisão no ERP. A Resistência Nacional criou de imediato um partido revolucionário ou de vanguarda, nomeando seu braço armado de Forças Armadas de Resistência Nacional (FARN). A Fapu, estabelecida no ano anterior, tornou-se uma organização de massa. Com isso, a RN tinha, desde o começo, uma estrutura mais formal do que as outras OPMs. Apenas no início de 1978 foi que o ERP finalmente decidiu que era necessária uma organização de massa afiliada e, assim, criou as Ligas Populares 28 de fevereiro (LP-28), assim chamadas em virtude do massacre dos manifestantes em uma praça do centro de San Salvador, em 28 de fevereiro de 1977. Então, dois anos depois, o ERP/LP-28 criou um partido revolucionário, o Partido da Revolução Salvadorenha (PRS).

A quarta OPM a ser criada foi o Partido Comunista Salvadorenho que, na década de 1960, resolveu seguir um curso "reformista" na vida política salvadorenha, participando do processo eleitoral por meio de sua frente legal, a União Democrática Nacionalista (UDN). O motivo dessa decisão, de acordo com o líder comunista de longa data, Shafik Handal, não era tanto

> obter poder, mas, sim, resgatar as massas trabalhadoras da influência dos democrata-cristãos [que] tinham conquistado muitos simpatizantes entre os trabalhadores ... Para nós, as eleições eram um instrumento para colocar nosso programa no centro dos debates políticos e ... elevar a consciência política das massas de trabalhadores que chegavam do campo para trabalhar nas fábricas.

Após o massacre de fevereiro de 1977 na praça da Liberdade, porém, o Partido Comunista mudou sua política. De acordo com o Dr. Miguel Saenz, o partido concluiu, como as outras OPMs haviam feito anos antes, que mais uma vez tinha chegado o momento de recorrer à luta armada.

Após o massacre, o partido começou a criar milícias que, por volta de 1979, se transformaram nas Forças Armadas de Libertação (FAL). Enquanto a UDN participava do governo da primeira Junta, após o golpe de outubro, o Partido Comunista encaminhava-se para uma união com as outras OPMs. Na última semana de dezembro de 1979, os comunistas formaram um corpo coordenador com a RN e as FPL. Uma semana depois da renúncia do governo, a UDN se uniu a outras entidades de massa para formar a Coordenadoria Revolucionária das Massas (CRM).

A quinta OPM desenvolveu-se de uma concepção diferente da luta. O Partido Revolucionário dos Trabalhadores Centro-Americanos (PRTC) foi criado no final de um congresso fundador, em 26 de janeiro de 1976. Muitos de seus membros estavam ligados aos núcleos iniciais que, em 1972, tinham-se tornado o ERP. Alguns integrantes também provinham de sindicatos que viviam sob a influência do comunismo. Sua concepção de luta era regional, enraizada na história da América Central e, entre outros acontecimentos, lembrava a Federação Centro-Americana do início do século XIX, a Confederação dos Trabalhadores Centro-Americanos que teve breve existência na década de 1920, bem como a luta de Augusto Cesar Sandino, na Nicarágua, a quem outros centro-americanos se uniram, entre os quais Farabundo Martí. Até o final de 1980, o PRTC manteve-se como um partido regional. Em 29 de outubro daquele ano, porém, as unidades nacionais do partido se separaram, embora mantivessem vínculos entre si.

A RESPOSTA POLÍTICA DO GOVERNO

A fundação da Fapu e de outras organizações populares tinha antecedentes em organizações como a Feccas, criada em 1960, cuja força estava na região norte e central de El Salvador. O governo, preocupado com a crescente "agitação" no campo, causada por campesinos que exigiam seus direitos, criara a entidade paramilitar Ordem Democrática Nacional (Orden) e, em 1966, a União Comum Salvadorenha (UCS). Fundada com recursos do Instituto Americano para o Desenvolvimento do Trabalho Livre (AIFLD), a UCS – que contava com 120 mil membros inscritos em 1980 – era considerada pelo governo e pela embaixada dos Estados Unidos veículo de cooptação de um número significativo de campesinos para o sistema, por meio da criação de uma classe privilegiada entre eles. O objetivo era eliminar os cabeças de toda agitação "radical" ou "comunista" no campo. A UCS funcionou conforme os planos por mais de um decênio. Em meados da década de 1980, porém, depois que vários líderes da UCS foram mortos pelas forças de segurança e uma de suas cooperativas foi invadida pela Guarda Nacional – que alinhou contra um paredão e assassinou 11 dos 12 campesinos diretores da cooperativa (seu presidente escapou e sobreviveu) –, a UCS começou a se distanciar do governo. Em agosto, havia-se subdividido em duas facções. Uma cooperava com a reforma agrária do governo, promulgada em março. A outra, fortalecida com o apoio de três distritos da região oeste do país, Sonsonate, Santa Ana e Ahuachapán, e ainda o de Cabanãs, no Centro-Norte, aliou-se com a Fapu, após 1978.

Havia duas importantes diferenças entre a UCS patrocinada pelo governo e as Organizações Populares (OPs), na década de 1970. A primeira era de caráter ideológico. A UCS era vista pelos que a haviam criado como um meio de controlar os campesinos oferecendo-lhes uma "fatia do bolo"; ou dando-lhes, no mínimo, razões para crer que conseguiriam obtê-la. Em suma, a UCS representava um esforço deliberado para manter o *status quo* econômico e político. As OPs, por sua vez, dedicavam-se desde o começo a fazer um "bolo" diferente.

A segunda diferença era estrutural. A UCS estava organizada de cima para baixo. Os líderes locais geralmente eram escolhidos a dedo, não por seus pares do campo, mas por autoridades nacionais ou pelos consultores norte-americanos da AIFLD. Contrastando de modo flagrante com essa condição, as OPs eram nativas e tinham-se desenvolvido de bases naturais no país. Assim como nas Comunidades Cristãs de Base, seus integrantes eram incentivados a escolher seus líderes.

Diferenças e divisões sectárias

Entre as organizações participantes da fundação da Fapu estavam os cristãos democratas e os social-democratas do Movimento Nacional Revolucionário (MNR), na qualidade de observadores. Entretanto, retiraram-se quando descobriram que não podiam dirigir o espetáculo. A organização logo se expandiu, mas sua união teve vida curta. Como o ERP, a Fapu abrigava duas facções, uma orientada para a RN e a outra para as FPL. Em julho de 1975, ocorreu uma cisão e surgiu uma nova organização popular, cujas entidades fundadoras eram a Feccas e a Andes-21, chamada Bloco Popular Revolucionário (BPR).

Havia três divergências principais na Fapu: política, estratégica e tática.

1. Sobre a definição da luta. Ela deveria ser travada em estágios curtos, médios e longos (Fapu) ou nos termos da luta prolongada, em que todas as ações seriam dirigidas para o alvo final, a derrubada do regime existente Bloco Popular Revolucionário (BPR)?
2. Embora as duas facções acreditassem em uma aliança entre trabalhadores e campesinos como um fator fundamental e necessário em sua força de combate, elas divergiam quanto a qual ponto enfatizar. Ambas haviam-se originado no campo, mas a Fapu, por um lado, acreditava que sua ênfase como organização deveria recair sobre os sindicatos estratégicos, como os dos eletricitários, dos fiscais portuários, dos catadores de café e algodão e dos que trabalhavam na colheita da cana-de-açúcar. O BPR, por outro, achava que a ênfase deveria priorizar os campesinos.
3. As duas facções divergiam acerca do papel que deveriam desempenhar os setores progressistas da classe média e dos militares. O BPR descartava qualquer possibilidade de aliança com o Exército e dava menos importância ao trabalho com os integrantes da classe média, ao passo que a Fapu considerava ambos os segmentos importantes e direcionava uma parte de seus esforços para o desenvolvimento de alianças com eles.

Do ponto de vista tático, por exemplo, a concepção de um trabalho com os sindicatos defendida pela Fapu consistia em construir uma base aliada – filiar mais membros – por intermédio de suas escolas políticas (a mesma tática dos comunistas).

A abordagem do BPR consistia em tentar obter o controle de um sindicato, com base em sua liderança. Essas abordagens distintas podem ser explicadas pelo fato de todas as três organizações estarem competindo entre si pela hegemonia nos sindicatos. A tática do BPR estava relacionada com sua escassez de recursos para trabalhar em todos os níveis, dada sua prioridade de ênfase no campo. O resultado de estratégias tão diferentes foi que, em 1980, o BPR já se havia tornado a maior das organizações de massa, com mais de sessenta mil membros e nove entidades afiliadas. O número de afiliados à Fapu era estimado em metade disso, e muitos de seus líderes eram mais velhos, com mais integrantes da classe média e mais ligações sindicais.

A Fapu adquiriu a reputação de apresentar uma análise incisiva da realidade salvadorenha e de publicar textos teóricos. Por intermédio desses trabalhos, exerceu profundo impacto sobre o desenvolvimento de um programa político unificado, em 1980. No fim, a insistência da Fapu na revolução e na democracia, assim como na consolidação de alianças com os setores progressistas da Igreja e dos partidos políticos, a Universidade Centro-Americana (UCA), os sindicatos progressistas e representantes da iniciativa privada, terminou se tornando a política oficial quando as cinco facções se unificaram na Frente Farabundo Martí para a Libertação Nacional (FMLN).

Tabela 2.1 – FMLN: Ideologias, afiliações e estratégias

	FPL	ERP	FARN	FAL	PRTC
Ideologia adotada	Marxista-leninista	Foquista: governo democrático popular	Marxista-leninista; sociedade social-democrática	Comunista; governo social-democrata	Marxista-leninista
Organizações populares	BPR	LP-28	Fapu	UDN	MLP
Estratégia	Guerra popular prolongada	Guerra de guerrilhas	Insurreição popular	Insurreição popular	Revolução regional

Fonte: Adaptado de Enrique Baloyra (1982) e Tommie Sue-Montgomery (1995).

TOMMIE SUE-MONTGOMERY E CHRISTINE WADE

A terceira organização popular, as chamadas Ligas Populares 28 de fevereiro, foi fundada por simpatizantes do ERP na Universidade Nacional, em 28 de fevereiro de 1978, no primeiro aniversário do massacre ocorrido quando a Guarda Nacional desocupou a Praça da Liberdade, matando o coronel Ernesto Claramount e seus partidários. A criação das LP-28 foi o resultado de um reconhecimento tardio de que, se não tivesse sua própria organização de massa, seria deixada às traças pelas FPL e pela RN. As LP-28 também eram a terceira em tamanho, contando com aproximadamente dez mil integrantes. No final da década de 1970, essa entidade era avaliada pelos outros esquerdistas como a que tinha o programa político menos desenvolvido. No mínimo, isso era consistente com a visão predominantemente militarista do combate, adotada pelo ERP, mas também significava que as LPs preferiam atos que chamassem a atenção, como a ocupação de embaixadas e ministérios, sem análise do contexto nem consideração ponderada das consequências políticas de tais rompantes.

A menor entidade das organizações populares, segundo o número de integrantes, e a surgir por último também, no final de 1979, foi um desmembramento do PRTC. Essa nova organização, o Movimento de Libertação Popular (MLP), foi a princípio excluída da Coordenação Revolucionária das Massas pela Fapu, que argumentava que a nova entidade deveria demonstrar sua capacidade de se organizar e mobilizar as pessoas. Em maio de 1980, o MLP já havia correspondido aos critérios da Fapu e fora integrado à CRM.

Enquanto a União Democrática Nacional participava da política eleitoral nos anos 1960 e 1970, seu "pai", o Partido Comunista, exercia sua hegemonia sobre as organizações de professores e alunos e sobre os sindicatos. Desse modo, a UDN também era uma entidade popular, embora sua linha política parecesse ser mais "reformista" do que "revolucionária", ao longo de quase toda a década de 1970.

Do já exposto, pode-se concluir que a característica mais proeminente da esquerda salvadorenha era seu sectarismo. No final de 1979, entretanto, começava a ficar mais evidente uma correlação direta entre a proximidade percebida ao poder e a redução desse sectarismo, fenômeno que ocorrera na Nicarágua entre 1978 e 1979. Em 11 de janeiro de 1980, as OPs manifestaram-se por escrito sobre suas diferenças remanescentes, convocaram uma coletiva de imprensa e anunciaram a criação de uma Coordenação Revolucionária das Massas.

Em documento apresentado nesse dia, intitulado "Nossas Organizações Populares rumo à união", a coordenação descreve em linguagem notavelmente isenta de retórica ideológica a "profunda crise política e econômica" do país e defende que a "alternativa revolucionária é a única solução para essa crise". Afirmava o texto: "O povo criou as riquezas e vive na pobreza", situação resultante de uma "estrutura política e econômica" que não poderia ser corrigida por um governo que faz parte dessa estrutura e não tem apoio popular.

A coletiva de imprensa foi marcada por traços da esquerda. Em particular, um incidente merece ser mencionado porque sugere o profundo nacionalismo de pessoas acusadas de serem instrumentos de uma "conspiração comunista internacional". Antes do início da coletiva, um rapaz levou uma bandeira de El Salvador até o palco. A princípio ninguém reparou nisso, mas logo em seguida o público começou a assoviar e, depois, a aplaudir. Naquele momento, uma moça foi ao microfone e disse que queria explicar o gesto. "A bandeira não é propriedade da oligarquia", disse, "é o único símbolo de união para nós". Mais aplausos. A coletiva começou com o hino nacional. Ao que parece, todos conheciam a letra de cor.

Desenvolvimentos políticos

O significativo aumento no número de organizações populares radicais, associado ao crescente ativismo da Igreja Católica, foi combatido por níveis de violência sem precedentes. Uma repressão cada vez mais acintosa, ligada a uma economia em franca deterioração, mostrou-se uma combinação volátil. Além disso, o ambiente de ânimos exaltados exacerbou as já acaloradas divergências entre os militares, em especial entre os oficiais de baixa patente e seus superiores.

Em outubro de 1979, jovens oficiais das Forças Armadas lançaram um golpe reformista contra o governo de Romero. A primeira Junta consistiu em dois oficiais e três civis (entre eles, Guillermo Manuel Ungo) e agregou membros da oposição política à formação de seu gabinete e em diversos cargos administrativos. A Junta explicou seus objetivos na proclamação que fez divulgar. Esses incluíam uma crítica da violação dos itens fundamentais da participação dos cidadãos, a rejeição da violência como recurso para resolver problemas políticos, a garantia aos direitos humanos, a dissolução da Orden e uma distribuição mais equilibrada dos recursos naturais. Em suma, o objetivo pretendido pelos golpistas era criar um ambiente favorável a eleições livres, eliminando-se a violência, bem como promover uma reforma agrária para minimizar as tensões geradas pela distribuição injusta dos bens e da terra.

De acordo com a análise da Junta por Enrique Baloyra, uma das maiores deficiências desse plano foi a exclusão das organizações populares que já haviam sido criadas. Com isso, não só o sistema de partidos políticos não conseguia representar os interesses da população, como também a Junta reformista estava agora cometendo o mesmo erro. Mais importante ainda, a Junta não redefiniu o papel dos militares perante o Estado e a oligarquia continuou no controle da economia.

As intenções da Junta não foram bem recebidas pela direita. A reforma agrária proposta foi um duro golpe para a oligarquia. Além disso, a nacionalização de duas indústrias primordiais, extremamente caras à oligarquia – o setor bancário e a lavoura de café – enfureceu-os ainda mais. Em dezembro de 1979, a Junta aprovou o Decreto 75, que nacionalizava o processo de exportação do café e criava o Instituto Nacional do Café (Incafe) para negociar essas exportações. A oligarquia reagiu a essas reformas aumentando o nível dos atos de violência. Entre 1980 e 1982, houve cerca de 42 mil mortes causadas pela polícia, por soldados do Exército e por esquadrões da morte paramilitares.

A REVOLUÇÃO SALVADORENHA

A CISÃO NO PARTIDO DEMOCRATA-CRISTÃO

A primeira Junta caiu em janeiro de 1980, quando três de seus membros civis, em protesto contra a violência, renunciaram. A segunda incluía democrata-cristãos altamente respeitados que pertenciam à ala esquerda do partido: Hector Dada Hirezi, membro da Junta, e Mario Zamorra Rivas, como procurador-geral dos Pobres. A violência piorou, Zamorra foi assassinado em casa e Dada renunciou e fugiu para o México depois de haver recebido uma ameaça de morte. Esses eventos precipitaram uma divisão no PDC, amplamente divulgada, que já vinha cozinhando em fogo lento havia pelo menos dois meses. Sob pressão dos Estados Unidos, os militares ofereceram-se para dividir o governo com os democrata-cristãos no início de março, manobra tática destinada a assegurar a legitimidade em âmbito nacional e a ajuda militar dos norte-americanos. O partido concordou em unir-se à Junta desde que os direitos humanos fossem respeitados e as reformas decretadas pela Junta, até mesmo a reforma agrária, fossem implantadas. José Napoleón Duarte, presidente titular do partido, articulou uma convenção nacional convocada para 9 de março de 1980, a fim de eleger um substituto para Dada. Duarte e seus seguidores selecionaram a dedo a maioria dos delegados, garantindo desse modo que seu protegido fosse escolhido para ocupar o lugar de Dada, o que foi obtido graças à oposição unânime de todos os ministros democrata-cristãos no governo e da ala mais progressista do partido. Duarte venceu a eleição, mas os progressistas, liderados por Rubén, irmão de Mario Zamorra, e alguns outros, se retiraram do partido e quase imediatamente formaram outro, chamado Movimento Popular Social-Cristão (MPSC). Enquanto isso, José Napoleón Duarte, que oito anos antes havia sido recusado como presidente, integrou-se à Junta e se tornou seu presidente, em dezembro de 1980.

No entanto, os níveis de violência, em vez de serem reduzidos, aumentaram. Os esquadrões da morte e os grupos paramilitares de direita começaram a "desaparecer" com quem estava associado a sindicatos, a grupos de campesinos, à Igreja ou aos estudantes. Mais de 13 mil pessoas foram mortas ou desapareceram apenas em 1980, a maioria deles campesinos, trabalhadores e estudantes. Contudo, foram as mortes na comunidade católica que mais atraíram as atenções, em particular o assassinato do arcebispo Romero, em 24 de março de 1980.

RELEMBRANDO 1932

No dia 22 de janeiro de 1980, 48° aniversário da insurreição de 1932, as Organizações Populares realizaram a maior demonstração popular que El Salvador já havia visto. Conforme os líderes das OPs, a manifestação tinha três objetivos: a) "prestar homenagem aos companheiros mortos no levante de 1932"; b) "celebrar a união" das Organizações Populares; e c) "demonstrar a capacidade das OPs de organizar e mobilizar o povo".

Pelo menos duzentas mil pessoas reuniram-se na capital, vindas de todo o país, em uma demonstração de poder que ficou marcada por disciplina, ordem e paciência extraordinárias. O que começou como uma passeata pacífica, entretanto, terminou em caos quando os manifestantes se tornaram alvo da Guarda Nacional e da polícia, dos guardas de segurança da companhia telefônica e de homens à paisana. Quando o tiroteio terminou, havia 49 mortos e muitas centenas de feridos. O governo isentou-se da responsabilidade, afirmando que as forças de segurança haviam ficado confinadas nos quartéis e "esquerdistas armados" teriam começado os distúrbios. Testemunhas oculares, entrevistadas tanto no dia da passeata quanto depois, concordaram unanimemente que os tiros haviam sido disparados do teto de pelo menos 14 edifícios públicos e privados, no centro da cidade. Em seguida, um oficial militar de boa reputação confirmou em uma entrevista que houvera uma conspiração envolvendo o ministro da Defesa, José Guillermo García, seu subsecretário, Nicolás Carranza, e certos membros da oligarquia, com o intuito de desorganizar a passeata e provocar a esquerda para um confronto. E falharam.

Passos rumo à união

Quando matou Roque Dalton, o Exército Revolucionário do Povo (ERP) tornou-se um pária entre as OPMs, e havia quem duvidasse de que essa divisão pudesse um dia ser resolvida. O ERP foi uma ausência notada quando as outras três OPMs criaram um comando coordenado em dezembro de 1979. Embora houvesse negociações em andamento, que se mantiveram abertas no início do ano seguinte, foi apenas com a formação do Diretório Revolucionário Unificado (DRU), em 22 de maio de 1980, que o filho pródigo retomou ao lar.

A formação da DRU, com três comandantes de cada uma das organizações, representou um passo adiante no desenvolvimento de uma estrutura de comando unificado; em outras palavras, um estado-maior conjunto. No entanto, ainda demoraria um ano até que esse comando unificado pudesse se tornar um processo real, e muito mais tempo ainda antes que conseguisse se tornar plenamente operacional.

A criação da DRU não significava o fim dos problemas ideológicos que afligiam seus componentes. Um debate que se estendia já por uma década, sobre como dar prosseguimento à luta, continuou na década de 1980. De um lado, a maior das OPMs – as Forças Populares de Libertação (FPL) – insistia, havia muito, na guerra popular prolongada (GPP), estratégia que visava a desgastar o regime existente com ataques militares relâmpago, atos de sabotagem e táticas similares, ao mesmo tempo que seguia o processo de organização das massas. Influenciadas pelo sucesso dos sandinistas na Nicarágua, assim como por suas próprias preferências ideológicas, as outras organizações político-militares defendiam como estratégia uma insurreição popular. Porém, quando a ofensiva "final" não produziu a desejada vitória, em janeiro de 1981, as OPMs ficaram com poucas outras opções além de recuar e se reorganizar. Nessa altura, as FPL insistiram em aderir à estratégia da GPP; as outras quatro OPMs optaram por uma estratégia que combinava a guerra revolucionária com a insurreição popular.

TOMMIE SUE-MONTGOMERY E CHRISTINE WADE

Outro exemplo das divergências entre as organizações ocorreu no início de setembro de 1980, quando a RN saiu da DRU, em uma briga por questões de política e organização. Uma diferença política era relativa a esforços da RN para explorar uma crise interna no Exército, envolvendo os oficiais militares. Por vários meses, foram realizadas muitas conversas sigilosas entre diversos oficiais. No início de setembro, um grande contingente de jovens oficiais aliados do coronel Majano foi transferido por Garcia, ministro da Defesa, e por Gutiérrez, membro da Junta, o que isolou Majano e dispersou seus aliados. A RN viu nessa manobra uma oportunidade de conquistar aliados adicionais no Exército. Outros membros da DRU acharam que os esforços da RN eram zelosos demais e criticaram-na severamente por suas atividades.

Enquanto isso, irrompia uma acentuada divergência organizacional no seio da DRU a respeito da adoção do princípio leninista do centralismo-democrático e da formação de um partido revolucionário (de vanguarda) unificado. (Centralismo-democrático é o princípio organizacional de se permitir o debate até que os membros de um partido político, ou seus representantes, votem a respeito de um determinado programa de ação. Assim que uma política é aprovada pela maioria, todos os membros devem apoiá-la, sem mais dissensões.) Até essa época, a DRU agia com base em consensos ou por unanimidade. Mas as FPL, o ERP e o PCS queriam adotar o centralismo-democrático como princípio operacional. A RN afirmava que antes era necessário criar um partido revolucionário e, depois, aplicar "não só um, mas todos os princípios leninistas de organização". Quando essa proposta foi derrubada, a RN se retirou, embora se mantivesse em contato com outros grupos. No fim, a RN perdeu mais do que ganhou, pois, quando voltou ao grupo em 8 de novembro, foi forçada a aceitar uma série de decisões que haviam sido tomadas durante sua ausência, até mesmo a formação da FMLN, em 10 de outubro de 1980, e a adoção do centralismo-democrático.

A persistência dessas e de outras divergências até 1981 não só indicava a extensão em que a maturidade política era necessária em todos os partidos, mas também enfatizava uma antiga lição da política: a de que a união não é um fim absoluto e, sim, um processo.

Tão logo começou, no início de 1980, o movimento rumo à união, houve intensificação do processo que se beneficiou de eventos políticos em andamento em El Salvador. A repressão descontrolada e cada vez mais cruel no campo e a incapacidade da Junta para controlar as forças de segurança levaram diretamente à renúncia do membro da Junta Héctor Dada Hirezi, no dia 3 de março. Três dias depois foi promulgado o primeiro estágio de uma reforma agrária, seguido, um dia depois, por uma seminacionalização do sistema bancário do país, largamente descapitalizado. Com essas duas reformas, o governo decretou estado de sítio, com o propósito ostensivo de facilitar a ocupação das fazendas nacionalizadas. Na realidade, essa decisão serviu de disfarce para uma repressão ainda mais truculenta, que começou no dia em que a reforma agrária foi anunciada.

Uma das consequências da repressão foi que, quatro dias após esse anúncio, os campesinos começaram a chegar em grandes levas ao arcebispado de San Salvador, buscando refúgio. As conversas com essas pessoas produziram uma avalanche de histórias de horror: forças de segurança e homens à paisana entravam de carro pelo meio das aldeias, atirando para todo lado; mulheres e meninas eram estupradas e assassinadas; as casas eram vasculhadas, saqueadas e queimadas; animais eram mortos; mulheres e crianças eram exterminadas durante o sono; jovens eram levados e depois "desapareciam". Como a maioria dos refugiados eram mulheres e crianças, perguntavam-lhes onde estavam os homens. A resposta era uma só: "Foram para as montanhas", quer dizer, tinham ido se unir aos guerrilheiros.

A Frente Democrática Revolucionária (FDR)

O assassinato do arcebispo Oscar Romero foi um impulso a mais para que o centro-esquerda da social-democracia se unisse em grupos políticos e na Coordenadoria Revolucionária das Massas. Em 11 de abril, uma coalizão de partidos políticos, profissionais e técnicos, além de pequenas entidades comerciais, a Universidade Nacional, seis sindicatos, federações de sindicatos e uma associação estudantil, com a UCA e a Igreja Católica na qualidade de observadores, anunciaram a formação da Frente Democrática. Cinco dias depois, essa aliança se uniu à CRM para criar a Frente Democrática Revolucionária (FDR), o que então unificou todas as forças da oposição, do centro-esquerda à esquerda do espectro político.

Uma semana depois de sua formação, a FDR realizou uma assembleia geral para eleger um Comitê Executivo, composto por oito membros, cinco das organizações que constituíam a CRM e um de cada uma das seguintes entidades: MNR, MPSC e Movimento Independente de Profissionais e Técnicos de El Salvador (Miptes). Enrique Alvarez Córdova, um oligarca renegado que havia transformado sua fazenda, El Jobo, em uma cooperativa e treinara seus trabalhadores para administrarem-na, além de ter sido duas vezes ministro da Agricultura, foi eleito presidente da FDR. Ao longo de toda a primavera e o verão, delegações da FDR excursionaram pela Europa e América Latina, em um esforço razoavelmente bem-sucedido para conquistar apoio internacional. Quatro países europeus declararam-se favoráveis à FDR, e a Internacional Socialista, em seu encontro de junho de 1980 em Oslo, votou por prestar apoio à entidade salvadorenha. Na América Latina, o apoio mais forte foi de quem se manifestou primeiro, o presidente mexicano José Lopez Portillo, que permitiu que a FDR montasse escritórios políticos no México.

A ESTRATÉGIA DE UMA INSURREIÇÃO

Em El Salvador, a repressão forçou a FDR a mudar de tática, abandonando as manifestações de massa em favor de greves gerais. Nos dias 24 e 25 de junho de 1980, uma greve geral parou o país por 48 horas. Outra greve, duas semanas depois, foi cancelada no último minuto por causa da falta de coordenação entre a FDR e a DRU. A greve foi remarcada para 13-15 de agosto, e a FDR anunciou que a DRU, pela primeira vez, tomaria "as devidas atitudes" nesse período. A greve de junho foi um exemplo clássico da greve latino-americana tradicional: os trabalhadores ocuparam as fábricas e paralisaram suas atividades, os campesinos pararam no campo e os funcionários de empresas permaneceram em casa. O objetivo dessa manifestação era demonstrar o amplo apoio popular à FDR e, com 90% da força de trabalho paralisada, a greve foi um sucesso. Já a de agosto, embora tivesse incluído essas atitudes tradicionais, foi chamada de insurrecional pelos líderes da FDR, porque seu objetivo era testar uma estrutura organizacional que poderia ser empregada no caso de uma insurreição geral. Essa estrutura baseava-se em três pilares: guerrilheiros, milícia e comitês populares de bairro.

Os guerrilheiros. As unidades, organizadas em esquadrões de três a onze indivíduos, batalhões de vinte a trinta e unidades maiores, eram capazes de funcionar em dois níveis. Um era o das forças guerrilheiras tradicionais, agindo tanto no campo quanto na cidade, cujo objetivo primário no período pré-insurrecional era duplo: treinamento e obtenção de armas e munições das guarnições e dos soldados do Exército. Esses guerrilheiros levaram a cabo, na década de 1970, sequestros de oligarcas e oficiais de corporações multinacionais em troca de resgate e, além disso, mataram alguns membros escolhidos de grupos paramilitares de direita, como a Orden. O outro nível era sua ação como exército regular, com uma estrutura e uma estratégia, plano de guerra, acampamentos de base, uniformes. Em meados de 1981, essa organização atendia pelo nome de Exército Revolucionário Popular (ERP).

As milícias. Compostas por campesinos e trabalhadores com certo treinamento militar e minimamente armadas, as milícias tinham, até o final de 1980, o papel essencial de incomodar as tropas do governo e proteger os sindicatos e suas lideranças. Com o tempo, as tarefas das milícias se tornaram mais complexas. De acordo com o comandante Jacinto Sánchez, membro do DRU na província central de San Vicente, "as milícias são organizadas em brigadas para executar tarefas diferentes: produção, autodefesa, proteger a periferia das cidades, vigiar áreas controladas por nós e, às vezes, penetrar no território em que o inimigo está". Seu trabalho incluía "a engenharia militar, a construção de locais de refúgio e de túneis subterrâneos para a estocagem e a proteção contra ataques aéreos".

Comitês Populares por Bairros. Esses comitês, também organizados por bairros e zonas das cidades, tinham a responsabilidade de armazenar alimentos, água, medicamentos e "armas populares". Ofereciam apoio logístico às unidades militares construindo barricadas e cavando valas. A educação política também era realizada por esses comitês por meio de grupos de estudo montados nos bairros. Alguns dos materiais usados nesses grupos eram preparados pelos membros da FMLN que estavam na Nicarágua. Os livretos impressos à mão recorriam à linguagem das histórias em quadrinhos e a palavras simples para apresentar os problemas econômicos e políticos que o povo enfrentava, introduzindo um vocabulário político básico. Por intermédio de questões incluídas no fim dos capítulos, encorajavam os leitores a refletir sobre suas condições socioeconômicas. Alguns livros discutiam o papel das mulheres em uma atuação positiva, até mesmo radical, no início da década de 1980. Quando a FMLN começou os preparativos para uma insurreição popular em 1981, esses comitês assumiram a responsabilidade pelas medidas de autodefesa em seus respectivos bairros.

Durante a greve de 13 a 15 de agosto, os três níveis da organização revolucionária foram mobilizados pela primeira vez. Declarada um fracasso pelo governo e pela iniciativa privada, a greve envolveu 70% das Forças Armadas; resultou em perdas econômicas estimadas em 60 milhões de dólares em três dias, segundo levantamentos do próprio setor econômico; levou à militarização das instalações elétricas e de fornecimento de água e linhas telefônicas, assim como das autoridades portuárias; e resultou na proscrição do sindicato militante dos eletricitários e na prisão de seus líderes.

Ao longo dos quatro últimos meses do ano, a repressão aumentou. Centenas de pessoas cujos nomes se perderam, exceto para seus familiares e amigos, desapareceram ou foram mortas, e seus corpos acabaram aparecendo nos campos de lava do vulcão de San Salvador chamado El Playon, a oeste da capital, ou no fundo de um penhasco em um ponto turístico famoso, La Puerta del Diablo, no Sul de San Salvador. O assassinato político mais notável, entretanto, ocorreu na manhã de 27 de novembro, quando os líderes da FDR planejavam uma reunião na escola secundária dos padres jesuítas, o Externato San José, a apenas dois quarteirões da embaixada dos Estados Unidos. Após a chegada de Enrique Alvarez Córdova (presidente da FDR), Juan Chacón, Enrique Escobar Barrera, Manuel de Jesús Franco Ramírez, Humberto Mendoza e Doroteo Hernández, a escola foi logo cercada por duzentos homens armados das forças de segurança do governo.

Segundo a Comissão da Verdade, que publicou um extenso e detalhado relatório após os acordos de paz, homens à paisana pesadamente armados entraram na escola, capturaram os líderes da FDR e os "sequestraram, torturaram e, depois de um breve período de prisão, mataram-nos em San Salvador". O único membro da diretoria da FDR que escapou desse destino foi Juan José Martel, integrante do MPSC, que chegou atrasado. Quando se aproximava da escola, percebeu que estava cercada. No mesmo momento fez a volta e procurou refúgio. Em seguida, fugiu para a Nicarágua e, depois, exilou-se no México. Após os acordos de paz terem sido assinados, Martel foi eleito deputado da Assembleia Legislativa e, mais tarde, magistrado do Supremo Tribunal Eleitoral.

O assassinato dos líderes da FDR impulsionou a liderança da FMLN a adotar um curso de ação mais rápido. No final de 1980, os revolucionários decidiram que estavam prontos para lutar. A FMLN tinha-se unificado e criado o que viria a se tornar uma entidade internacional de *status* praticamente diplomático. Em meados da década de 1980, o Dr. Miguel Saenz afirmou: "temos representantes em mais países do que o governo [salvadorenho] tem embaixadas". Essa organização considerou que estava pronta para se apoderar das Forças Armadas de San Salvador. Estava prestes a começar a guerra civil, que duraria 11 anos.

3. Os Anos da Guerra: 1981-1992

A OFENSIVA DE JANEIRO

Os preparativos para a tão aguardada ofensiva geral começaram no final de 1980. Às 18h30 de 10 de janeiro de 1981, unidades de guerrilheiros ocuparam as estações de rádio em San Salvador. O comandante Salvador Cayetano Carpio, agora membro do comando geral da FMLN, emitiu a convocação para a luta:

> Chegou o momento de darmos início às batalhas militares e insurrecionais decisivas para a tomada do poder pelo povo e para a constituição de um governo democrático revolucionário. Convocamos o povo para se erguer como um só corpo, com todos os seus meios de combate, sob as ordens de seus líderes imediatos, em todas as frentes de batalha e por todo o território nacional. O triunfo definitivo está nas mãos deste povo heroico... REVOLUÇÃO OU MORTE! VENCEREMOS!

Nas primeiras horas da ofensiva, a FMLN pôs o Exército salvadorenho para correr. Dois oficiais e oitenta soldados da Segunda Brigada em Santa Ana se rebelaram, queimaram uma parte da guarnição e se uniram aos insurgentes. Durante algum tempo, a bandeira da FMLN tremulou nos céus da cidade. San Francisco Gotera, no distrito de Morazán, a noroeste de El Salvador, caiu. Cidades por todo o país e os subúrbios da periferia norte e leste de San Salvador, onde as Organizações Populares tinham passado anos organizando o povo, entraram no embate. Durante 48 horas pareceu que a FMLN estava a caminho de reproduzir o triunfo sandinista na Nicarágua, ocorrido 18 meses antes.

No entanto, a maré virou. No decorrer de poucos dias, a FMLN anunciou o término da "primeira fase da ofensiva geral" e começou um recuo tático a suas bases domésticas no Norte e no Leste do país. De acordo com análises subsequentes, os comandantes da FMLN reconheceram que não havia sido traçado um plano unificado para essa guerra, e a coordenação entre os comandantes era muito pequena, problemas esses exacerbados pela falta de equipamento de comunicação por rádio. Vários erros táticos haviam sido cometidos, como o corte das linhas de suprimentos do Exército salvadorenho.

Havia também o problema incessante dos conflitos internos: o ERP declinou da convocação para dividir com o restante da FMLN as armas enviadas por Cuba. Um líder da FMLN comentou que haviam ocupado as estações de rádio uma segunda vez, em 11 de janeiro, para dizer que os trabalhadores deveriam se preparar para uma greve geral, mas não conseguiram chegar às rádios pela terceira vez para anunciar o início da greve. Além disso, embora os subúrbios de San Salvador estivessem bem organizados e muitos estivessem nas mãos da FMLN nas primeiras 24 horas após o início da ofensiva, a capital em si estava mal organizada. Por isso, as Forças Armadas salvadorenhas foram capazes de militarizar os transportes públicos, as fábricas e os serviços essenciais de massa. Resultado: a greve, como ferramenta de insurreição, foi menos eficiente do que em agosto.

Mas, apesar de todos os erros da FMLN, o Exército salvadorenho não se saiu muito melhor. Vários meses depois, o Dr. Miguel Saenz, membro do Partido Comunista e representante sênior da FMLN para a comunidade internacional, disse que, "se o inimigo tivesse sido mais bem preparado, mais eficiente e coordenado, teríamos sido aniquilados". O general José Guillermo García, ministro da Defesa, anunciou que a FMLN havia sido encurralada, que o Exército salvadorenho obtivera uma expressiva vitória e detinha o controle do país inteiro, assim como a ameaça da revolução em El Salvador já havia passado. O governo de Jimmy Carter, quase encerrando seu mandato, corroborou essa avaliação e, em seguida, enviou 10 milhões de dólares em apoio militar, além de 19 instrutores militares e pessoal de manutenção, só para garantir a situação. Fontes em Washington D.C. afirmaram que o novo cenário da administração Reagan em relação a El Salvador incluía uma "vitória militar" sobre a FMLN nos próximos sessenta a noventa dias. Em março, o governo norte-americano enviou mais 25 milhões de dólares de ajuda emergencial e elevou o número de especialistas militares para 65. No início do verão, entretanto, após um período de avaliações e análises, autocríticas e reorganizações de suas forças, não só a FMLN não havia sido derrotada como também, mais uma vez, infligia baixas e mais baixas às forças do governo. Os líderes guerrilheiros insistiam em que controlavam mais áreas do território após a ofensiva do que antes. Em meados de 1981, havia no mínimo um impasse militar instalado em El Salvador.

O LADO POLÍTICO DA REVOLUÇÃO

Após o assassinato do arcebispo Romero, todas as opções de formas não violentas de protesto sumiram, enquanto um número cada vez maior de salvadorenhos desaparecia. Essa repressão crescente serviu para aproximar grupos de oposição que, antes, tinham divergências. Partidos da oposição, organizações populares e sindicatos profissionais aliaram-se em abril de 1980 para formar a Frente Democrática Revolucionária (FDR). A FDR também incluía três partidos de centro-esquerda: o Movimento Nacional Revolucionário (MNR), a União Democrática Nacionalista (UDN) e o Movimento Popular Social-Cristão (MPSC). A FDR e a FMLN já haviam se aliado no início de 1980, mas, como veremos adiante, essa aliança se enfraqueceu com o prosseguimento da guerra.

Alguns dias após o início da ofensiva, a FDR e a FMLN convocaram uma coletiva de imprensa na Cidade do México para anunciar a formação da Comissão Político-Diplomática (CPD). Essa entidade incluía sete membros, um de cada uma das organizações constitutivas da FMLN e dois da FDR. Na prática, a CPD funcionava como um Ministério do Exterior, cujos membros viajavam mundo afora em busca de apoio de governos, partidos políticos e organizações internacionais. A FDR-FMLN enviou representantes oficiais a 33 países; mais delegações, como observou o Dr. Saenz, do que o governo salvadorenho tinha de embaixadas. Além disso, esses representantes não esperavam ser chamados ou convidados a falar. Eles iam ativamente, todos os dias, em busca de ministros de Estado e legisladores, assim como de grupos da sociedade civil e dos meios de comunicação de massa. Esse trabalho insistente rendeu frutos: em 28 de agosto de 1981, a França e o México divulgaram uma declaração conjunta em que reconheciam a FDR-FMLN como uma "força política representativa", que deveria ser diretamente envolvida em todas as formas de composição política.

Além da Comissão Político-Diplomática, havia outros dois órgãos conjuntos com formação semelhante. A Comissão de Relações Internacionais era responsável pelo desenvolvimento da solidariedade internacional entre os cidadãos de vários países, bem como pela supervisão do trabalho social e de apoio aos milhares de salvadorenhos que haviam começado a fugir da repressão no início da década de 1980. Por fim, a Comissão de Informação era a responsável por produzir várias publicações, boletins informativos e cartazes.

Além dessas entidades, cuja missão era ampliar os contatos da organização revolucionária, vários grupos de trabalho foram criados nas áreas da saúde, educação, reforma agrária e economia, entre outras, compostos sempre por profissionais experientes. Esses grupos descendiam dos grupos profissionais organizados conjuntamente pelo BPR e pela Fapu, em 1979, com o intuito de analisar os problemas socioeconômicos do país e desenvolver planos nacionais, assim que o governo revolucionário chegasse ao poder. Além disso, o MNR patrocinou uma força-tarefa intelectual na Cidade do México, o Centro de Investigação e Ação Social (Cinas), em que cientistas sociais mexicanos e salvadorenhos produziram um bom número de artigos de pesquisa e monografias na década de 1980. Juntos, essas comissões e grupos de trabalho refletiam a crença da FDR e da

A Revolução Salvadorenha

FMLN de que o processo revolucionário incluía tanto dimensões políticas quanto militares.

O apoio popular

O fracasso da FMLN em provocar um levante popular durante a ofensiva de janeiro foi muitas vezes usado por seus adversários para argumentar que, ao contrário da Nicarágua, onde toda a população havia-se unido aos sandinistas para combater o ditador Anastasio Somoza em 1979, a FMLN não gozava desse mesmo nível de apoio popular. El Salvador, porém, era diferente da Nicarágua em pelo menos quatro pontos:

1. O regime salvadorenho não forneceu um inimigo popular comum, como tinha sido o caso de Somoza, a quem todos odiavam ou amavam. O problema em El Salvador era o sistema econômico e político, ou seja, um inimigo muito mais amorfo.
2. A repressão era muito mais cíclica do que focal e se arrastou por meio século.
3. A FMLN atuou em um país onde quase não havia áreas desabitadas e onde os vizinhos (Honduras e Guatemala) eram nitidamente opostos às guerrilhas esquerdistas. Os sandinistas não só tinham a cadeia das Segóvias, ao norte, onde podiam se refugiar sem sair da Nicarágua, como também podiam alcançar a Costa Rica.
4. A FMLN havia aprendido a lição da experiência boliviana de Che Guevara: o fracasso dele em cultivar a população local significara que, quando a CIA chegou procurando por ele, não havia ninguém para alertá-lo, muito menos escondê-lo.

Desde o começo, a FMLN vivia entre as pessoas, ajudando a arar a terra e a colher as safras. Médicos, enfermeiras e paramédicos guerrilheiros proporcionavam atendimento médico e outras formas de assistência à população civil, assim como ensinavam os campesinos a se cuidar e tratar sozinhos. Como observou Juan José Martel, membro da FDR, ao exilar-se na Nicarágua, após sobreviver ao massacre dos líderes da FDR:

> Quem alimenta os guerrilheiros? Quem os alerta sobre os movimentos do Exército? Para onde corre a população quando é atacada pelo Exército, pois ele ataca a população do mesmo modo que a guerrilha ataca? Não são os russos, cubanos ou nicaraguenses que enviam toneladas de comida para milhares de guerrilheiros; toneladas de roupas para vestir; e informações tão exatas sobre a movimentação do inimigo. É o povo que faz tudo isso, o povo que semeia os grãos básicos, que prepara a comida e tece as roupas. El Salvador não tem montanhas, mas as montanhas para os seus guerrilheiros são o povo.

O DESENVOLVIMENTO DA SOCIEDADE CIVIL NAS ÁREAS CONTROLADAS PELA GUERRILHA

O desenvolvimento e a educação política eram componentes cruciais da estratégia geral da FMLN. Embora os seus grupos apoiassem as crenças marxistas, os princípios diretores para a sua organização eram social-democratas, não marxistas. O desenvolvimento político assumiu formas diferentes durante os anos de guerra. Nas cidades, os "comitês populares de bairro" eram a unidade básica da organização política e atuaram clandestinamente durante toda a guerra. Nas áreas rurais de Chalatenango, Morazán, Cuscatlán, San Vicente e Usulután, assim como na linha de frente de Guazapa – 25 quilômetros ao norte da capital – começou a surgir uma forma local de governo. O caráter dessas entidades variava, dependendo de qual das cinco organizações constitutivas estava incumbida da organização, e também das condições naquela zona e do tempo em que a organização já estava no local.

As FPL em Chalatenango e o PRTC em San Vicente enfatizavam o desenvolvimento do governo local, ou o poder popular local. As pessoas que viviam naquela área estavam todas, em alguma medida, envolvidas no processo de tomada de decisões, ao passo que as autoridades eleitas tinham a responsabilidade de cuidar da administração diária, que incluía manter os registros civis (uma novidade em grande parte da zona rural de El Salvador), cuidar da produção agrícola e de outros tipos, e da distribuição dos bens e dos produtos; da autodefesa e da vida religiosa da comunidade. Um catequista ou emissário da Palavra estava sempre cuidando de uma área. Políticas comunitárias ou de cooperativas, algumas das quais datavam de antes da chegada de Cristóvão Colombo, eram a norma.

O PAPEL DAS MULHERES

Todas as organizações revolucionárias encorajavam a participação de mulheres em todos os níveis e, além disso, instituíram um impressionante repertório de promoções baseadas em mérito, não em gênero sexual. Isso ocorreu no contexto de uma forte tradição social de proteção às mulheres. Cerca de 30% de todos os combatentes eram mulheres, assim como em torno de 20% dos líderes militares. Esses índices variavam conforme as zonas, as unidades e as organizações constitutivas da FMLN, e o ERP aparecia como o que contava com a maior porcentagem de mulheres entre os combatentes e oficiais. Todas as organizações tinham mulheres em altos postos de comando; duas das comandantes, Ana Guadalupe Martínez e Nidia Días, eram membros da Comissão Político-Diplomática e, mais tarde, tornaram-se membros da equipe de negociadores da FMLN formada para as negociações de paz. Depois disso, foram eleitas para a Assembleia Legislativa em 1994. As mulheres também desempenhavam papéis de apoio, como médicas, enfermeiras, mensageiras, cozinheiras, operadoras de rádio e lavradoras.

Em certo sentido, era mais fácil para as mulheres nas cidades que para as campesinas integrarem-se em algum nível do movimento revolucionário. Como disse María Serrano, antiga prefeita de Chalatenango pelo Poder Popular, "os homens aqui são basicamente machos, então as mulheres se veem duplamente exploradas, pelo sistema e por seus companheiros".

Uma revolução nas atitudes acompanhou o aumento do número de mulheres que integravam as forças revolucionárias.

Os guerrilheiros falavam de "vir a considerar as mulheres *companheiros*, não objetos sexuais*", e muitos homens e mulheres falavam da necessidade de destruir o machismo.

Várias organizações de mulheres ligadas à FDR-FMLN tinham de alguma maneira se estabelecido no final da década de 1970 e início dos anos 1980. Após os acordos de paz, essas organizações acabaram se tornando as mais bem organizadas e eficientes instituições representativas de mulheres em toda a América Latina. Vale a pena citar, entre elas, a Associação Movimento de Mulheres Mélida Anaya Montes (Las Mélidas) e Mulheres pela Dignidade (Las Dignas).

Ideologia

Como vimos, as diferenças entre as organizações que constituíam a FMLN eram políticas, estratégicas e táticas. Enquanto os comunistas preferiam processos eleitorais, as FPL favoreciam a revolução armada e rejeitavam a ideia comunista de que uma mudança real poderia ser implantada apenas com eleições. Nesse sentido, a filosofia marxista-leninista e a ênfase na construção de alianças com as entidades populares de base desempenhavam um papel importante nas FPL. O ERP dava mais valor a greves militares que a alianças políticas.

A presença de cristãos, partidários de centro-esquerda e mulheres na FDR-FMLN, assim como as diferentes tendências políticas dentro da própria FMLN, contribuiu para um vigoroso processo dialético na troca de ideias e na ação, que revestiu o processo revolucionário salvadorenho com características únicas. Os conceitos-chave que davam base intelectual a esse processo eram "libertação" e "pluralismo". Para os salvadorenhos, "libertação" era uma palavra comum do discurso, não só entre os revolucionários mas também na própria Igreja Católica. Em entrevistas dadas durante dois anos, no início da década de 1980, Montgomery ouviu repetidamente os salvadorenhos, dentro e fora do país, falarem de "libertação", não de "revolução". E "libertação" tinha um significado específico. Queria dizer precisamente o fim da fome, do analfabetismo, das doenças, das casas de papelão, dos chãos de terra. Significava também se livrar da intervenção dos Estados Unidos em seu país. Por fim, significava a libertação tanto de homens quanto de mulheres.

O segundo conceito-chave era o "pluralismo". Embora a FMLN adotasse uma política operacional de "centralismo--democrático", que seus integrantes respeitavam em maior ou menor grau, todas as organizações participantes do processo revolucionário – a FDR e a FMLN – reconheciam que elas não representavam nenhum monólito ideológico ou organizacional. Em vez disso, reconheciam suas divergências e comemoravam as visões que tinham em comum: a independência nacional, a autodeterminação, uma distribuição mais justa das riquezas, a necessidade de mudanças na estrutura social para permitir maior justiça e progresso social, e autocrítica.

A FDR e a FMLN enfatizavam o acesso político a todos os setores da sociedade, do nível local ao nacional, em especial para a maioria daqueles que haviam sido tradicionalmente excluídos. A mobilização política incluía a educação política e não apenas levar pessoas para uma passeata ou manifestação de rua. Como um todo, essas ideias compunham o modelo de uma democracia participativa, conceito reforçado pelas Comunidades Eclesiais de Base.

Todas essas ideias e ideais se mantiveram vivos durante os anos de guerra e se manifestaram na plataforma política do MPSC e do MNR depois de 1987, e da FMLN, em 1992. As ideias que constituíam essas organizações foram adaptadas de várias comunidades de refugiados repatriados, para a grande decepção da Arena e do Usaid.

O PAPEL DE CUBA

Citando os sandinistas na Nicarágua como exemplo, o governo cubano encorajou o processo de unificação entre as organizações guerrilheiras. De acordo com a cientista política Cynthia McClintock, já em dezembro de 1979, Fidel Castro condicionou seu apoio à FMLN à unificação de suas correntes internas. Embora o regime de Fidel desempenhasse um papel importante no provimento de munição e apoio técnico à FMLN desde o início da guerra, ele estava menos interessado em cultivar uma relação com os guerrilheiros do que em assegurar o sucesso dos sandinistas. Na verdade, embora ninguém discuta que o regime de Fidel Castro foi um dos principais defensores da FMLN, muitos questionam se Cuba teve mesmo um papel destacado no fornecimento de armas aos revoltosos. A cientista política Tommie Sue-Montgomery descobriu que compras de armamentos de oficiais militares corruptos em outros pontos da região foram um comércio importante no início da década de 1980. Montgomery e o Dr. Charlie Clemens – um médico quacre que prestou assistência médica entre 1981 e 1982 em uma das mais conflituosas zonas de guerra – descobriram que incursões de saque aos quartéis militares salvadorenhos e aos postos da Guarda Nacional eram a fonte mais importante de armas para a FMLN.

Crise na FMLN

Após o fracasso da ofensiva de 1981, a FMLN recuou e começou a elaborar uma estratégia mais unificada e coordenada de combate. O maior bloqueio à unificação era entendido por todos como a pessoa de Salvador Cayetano Carpio, que se considerava o próprio Ho Chi Minh da América Central, e acreditava que a sua era a única estratégia bem-sucedida para a implementação do ideal revolucionário. Juan José Martel que, como representante da FDR, compareceu a uma reunião de estratégia promovida pelos cubanos em 1982, relatou o esforço de Carpio para dominar o debate e impor suas ideias. Ele não conseguiu esse intento, mas seu dogmatismo continuou perturbando a organização nos meses subsequentes. Tudo isso mudou, entretanto, quando o segundo em comando de Carpio, a comandante Mélida Anaya Montes, bastante *unitária*, foi assassinada em Manágua, capital da Nicarágua, em 6 de abril de 1983. Carpio chorou abertamente no funeral, mas, alguns dias depois, evidências levantadas pela polícia sandinista indicaram ter sido ele mesmo o mentor intelectual do crime. Quando isso se tornou público, Carpio cometeu suicídio. Em poucos dias, a nova liderança das FPL, chefiada pelo comandante Salvador Sanchez Ceren, deixou claro por palavras e atos que estavam todos comprometidos com a união e a cooperação.

Sob a égide da unificação, cada grupo mantinha sua própria estrutura organizacional, financeira e de tomada de decisões. O Comando Geral – sucessor do Diretório Revolucionário Unificado –, composto pela liderança das cinco organizações, negociava a estratégia e a tática. Em meados da década de 1980, a FMLN estava unificada em seu planejamento e estratégia. Essa união se tornou mais evidente na ofensiva de 1989 e ganhou consistência durante as negociações de paz.

O contexto político da guerra

Em retrospecto, é surpreendente que, em um país do tamanho do estado de Sergipe, uma guerra civil generalizada pudesse resistir durante 11 anos, enquanto o governo nacional e os negócios continuavam (mais ou menos) funcionando, o que deu ao país um ar de normalidade em quase todo o seu território, quase o tempo todo. Na realidade, a guerra em geral se confinou a cinco áreas relativamente bem definidas de El Salvador, fora da capital. Embora no final da década de 1980 as guerrilhas estivessem operando em Ahuachapán, no Oeste, e La Unión, no Leste, em San Salvador, onde residiam mais ou menos 30% da população, em especial durante o dia era possível cuidar da própria vida apenas sabendo da incômoda circunstância de estar morando em um país em guerra.

Claro que a realidade era que a guerra permeava todos os aspectos da vida de cada cidadão. Para os ricos, significava viver atrás de paredes protegidas por barricadas, com segurança particular e só se arriscar a sair em veículos blindados. Para a mínima classe média, significava não sair à noite, divertir-se apenas em casa e tomar cuidado com o que era dito ao telefone. Para todos os cidadãos que tinham motivos para temer tornarem-se alvo dos esquadrões da morte – e para isso bastava a suspeita de que houvesse simpatia pelos revolucionários –, significava planejar a vida, variar os horários, monitorar o tempo todo o que era falado e nunca fazer o mesmo percurso de carro entre a casa e o trabalho. Para os pobres, queria dizer partir o tempo todo, em geral como refugiados, para o exílio por toda a América Central, ou para o México, Estados Unidos e Canadá. Também significava abandonar suas *milpas* [lavouras de milho] para imigrar para uma das três maiores cidades de El Salvador e conhecer uma pobreza ainda maior do que a que conheceram no campo.

O PAPEL DOS ESTADOS UNIDOS

O interèsse dos Estados Unidos por El Salvador, irrisório antes de 1979, aumentou repentinamente após a vitória dos sandinistas na Nicarágua e o aparecimento em cena da FMLN. O objetivo da administração de Jimmy Carter era prevenir a ascensão de um regime de esquerda em El Salvador, ao mesmo tempo que encenava a promoção dos direitos humanos. Acreditando que a Junta de 1979 representava a melhor solução para a violência política reinante, assim como uma oportunidade de sustar uma eventual vitória da FMLN, o governo Carter aprovou a reprogramação da ajuda de 5,7 milhões de dólares em itens militares não letais à Junta, em março de 1980. No esforço de apoiar a Junta, a administração norte-americana desenvolveu uma política que visava minar o apoio à guerrilha, propondo uma reforma agrária e desmontando a fortaleza do controle econômico que a oligarquia sustentava, nacionalizando os setores bancário e cafeeiro. Apesar dos esforços da administração Carter de vincular o respeito aos direitos humanos ao envio da ajuda, aumentaram os casos de violência e o auxílio continuou abundante, para combater a insidiosa "ameaça comunista". Após a morte das freiras norte-americanas e de uma irmã leiga (as irmãs Maryknoll, Maura Clark, Ita Ford, Ursuline Dorothy Kazel e Jean Donovan), em dezembro de 1980, o governo Carter suspendeu temporariamente o envio de ajuda. Após a ofensiva da FMLN em janeiro de 1981, no entanto, ela foi retomada em níveis ainda maiores. Além disso, a ajuda nor-

A Revolução Salvadorenha

te-americana à Nicarágua foi suspensa, sob a alegação de que os nicaraguenses haviam ajudado a FMLN em sua ofensiva.

A Doutrina Reagan em ação

A era Reagan marcou uma mudança dramática nas políticas para a região da América Central. A ofensiva da FMLN ocorreu pouco antes de Ronald Reagan ser empossado e sua intensidade acendeu a conjectura de que os guerrilheiros estavam recebendo uma significativa assistência de Cuba e da Nicarágua. Em março e abril de 1981, a FDR-FMLN manifestou-se disposta a negociar o fim das hostilidades, o que foi recusado pela nova administração. Em vez disso, o governo Reagan preferiu adotar uma estratégia militar associada a programas econômicos e políticos elaborados para diminuir todas as formas de apoio popular à FMLN. A Doutrina Reagan e o medo da expansão comunista no hemisfério dominavam a política dos Estados Unidos para a região há quase uma década. A Doutrina Reagan reforçava o foco da administração sobre o conflito Oriente-Ocidente, comprometendo-se a ajudar os rebeldes anticomunistas, que no mundo todo eram rotulados de "democratas". Jamais permitir que os fatos interferissem em sua ideologia e apoiar os rebeldes anticomunistas, como os "contras" na Nicarágua, era considerado essencial à segurança nacional dos Estados Unidos. Essa conduta era acompanhada pela política de derrotar o comunismo por meios militares.

A aprovação de ajuda econômica e militar a El Salvador encontrava oposição por causa da indiscutível violação dos direitos humanos cometida no país do final da década de 1970 e até o início da seguinte. A administração Reagan, ansiosa em usar El Salvador como exemplo em seus esforços de combate ao comunismo no hemisfério, desenvolveu a estratégia de boicotar as linhas de apoio aos guerrilheiros, adotando ao mesmo tempo uma conduta de apoio à democracia – definida, portanto, como "eleições". De acordo com um Relatório sobre a Segurança dos Estados Unidos, havia três objetivos principais na política norte-americana para El Salvador: a) evitar um golpe de

Estado da extrema direita; b) manter um governo comprometido com a democracia e a mudança por meio de reformas; e c) melhorar o crescimento econômico, a fim de reverter outro possível golpe de Estado. Como resultado, entre 1980 e 1989 o governo dos Estados Unidos gastou entre um 1 milhão e 1,5 milhão de dólares *por dia* tentando derrotar a FMLN.

CONFLITO DE BAIXA INTENSIDADE, GUERRA DE ALTA INTENSIDADE

Em 29 de maio de 1983, o *Philadelphia Inquirer* (jornal da Filadélfia, na Pensilvânia), ostentou como manchete de capa o seguinte título: "Como os consultores dos EUA comandam a guerra em El Salvador". No artigo, o jornalista Rod Norland descrevia de que maneira, nos seis meses anteriores,

> oficiais americanos foram se infiltrando silenciosamente pela encosta do Exército salvadorenho até se instalarem em seus postos de mais alto escalão e ... estão na realidade tomando decisões críticas sobre como conduzir essa guerra ... [servem] como estrategistas, táticos e planejadores.

No final da década de 1980, os consultores do Exército dos Estados Unidos participavam de todas as brigadas e batalhões espalhados pelo país.

A lei norte-americana proíbe instrutores de entrar em zonas de combate potencial, de se envolver em combates ou de portar armas ofensivas. Há evidências abundantes, no entanto, de que essa lei foi burlada, assim como desobedecida a ordem do Congresso de que o número de instrutores militares em El Salvador não deveria ultrapassar 55, em qualquer momento. Antigos consultores militares em El Salvador disseram ao jornalista Frank Smyth que "consultores militares dos Estados Unidos, além de agentes paramilitares do FBI, participaram de operações de combate em El Salvador", o que não foi impedido nem com a divulgação dessas informações pela mídia.

A questão, no entanto, é que nem os bilhões de dólares de ajuda militar, nem o maciço treinamento de guerra – incluindo-se ordens diretas em situações de combate – que os Estados Unidos injetaram em El Salvador na década de 1980 foram suficientes para criar um Exército capaz de enfrentar com eficiência o corpo ágil, decidido e criativo de guerrilheiros, tampouco fez qualquer diferença o suposto treinamento em "direitos humanos" que os militares salvadorenhos teriam recebido na Escola das Américas, no Forte Benning, na Geórgia e em outros lugares. O Exército salvadorenho era uma máquina de matar indiscriminadamente que, embora infligindo à população civil muitas baixas e sofrimento, continuou sendo incompetente e incapaz de executar o serviço para o qual, em teoria, teria sido treinado: defender sua pátria de ataques.

Eleições legítimas

As eleições tornaram-se a base da política de Reagan para El Salvador, eleições essas que poderiam assegurar a legitimidade necessária para garantir que o Congresso dos Estados Unidos continuasse aprovando verbas de ajuda, ano após ano. A promoção das eleições dependia de uma aliança entre o governo Reagan e os democrata-cristãos, vistos pelos Estados Unidos como uma força política moderada. O pleito funcionaria como uma alternativa democrática à revolução, o que supostamente abalaria em grande medida o apoio político à FMLN.

Em 1982, foram realizadas eleições para uma Assembleia Constituinte que, por sua vez, elegeu um presidente provisório, substituiu a Junta e redigiu nova Constituição. Os planos dos Estados Unidos para um processo político dominado pelos democrata-cristãos foram por água abaixo, quando nova Aliança Republicana Nacionalista (Arena), da direita, entrou em cena. Fundada pelo antigo diretor do serviço de inteligência e organizador de esquadrões da morte Roberto D'Aubuisson, para as eleições de 1982, o objetivo da Arena era unir a oligarquia e os militares na causa anticomunista.

Embora os democrata-cristãos vencessem com muitos votos e garantissem a maioria na Assembleia, a coalizão da Arena com o partido oficial, a Conciliação Nacional, manteve o controle da Assembleia. Com isso, D'Aubuisson conseguiu ser eleito presidente provisório, o que não criaria o governo centrista que a administração Reagan desejava. Uma delegação do Congresso norte-americano foi enviada ao país com a missão de informar que a continuidade da ajuda dependia da eleição de um governo moderado. Em uma reunião conduzida com eficiência pelo embaixador dos Estados Unidos, Deane Hinton, o banqueiro salvadorenho Álvaro Magaña foi nomeado presidente. Como era de se esperar, a Arena torceu o nariz diante dessa flagrante interferência dos Estados Unidos e, em uma coalizão oportuna com o PCN, elegeu D'Aubuisson presidente da Assembleia.

Dois anos antes, o democrata-cristão José Napoleón Duarte, que havia sido ignorado pelos Estados Unidos e a quem fora negada a vitória presidencial em 1972, recebeu 4 milhões de dólares daquele país para ajudá-lo em sua campanha presidencial nas eleições de 1984. Duarte derrotou o candidato da Arena, D'Aubuisson, no segundo turno, com quase 54% dos votos. Os democrata-cristãos e a Conciliação Nacional, juntos, receberam uma ajuda adicional sigilosa de dois milhões de dólares. O governo de Duarte deu início a um programa de reformas, defendido pelos Estados Unidos, que neutralizaria o apoio popular à FMLN, incluindo-se o aumento de salários para funcionários públicos, um salário mínimo para os operários urbanos e um maior acesso a crédito e preços controlados.

Após as eleições municipais e legislativas de 1985, o PDC detinha a maioria das cadeiras na Assembleia Legislativa. Apesar da predominância política do partido, não se poderia facilmente dizer que estivesse no controle da situação. O montante faraônico da ajuda que os Estados Unidos despejavam no país e sua interferência diária na elaboração de políticas por meio da atuação da embaixada tornavam quase impossível ao governo Duarte o estabelecimento de uma formação política independente. El Salvador se tornou dependente da ajuda financeira dos Estados Unidos, tanto para combater na guerra quanto para prevenir o agravamento de suas condições econômicas.

A assistência militar dos Estados Unidos saltou de 5,9 milhões de dólares em 1980 para 196,6 milhões em 1984. No fim da guerra, em 1991, o nível anual de ajuda militar ainda estava em torno de 81 milhões.

Os Estados Unidos encorajavam reformas econômicas liberais que incluíam a desvalorização, a privatização e a liberalização do comércio. Duarte resistiu, acreditando que essas políticas seriam impopulares e serviriam de combustível para a esquerda. Agindo como pró-cônsul, os Estados Unidos levaram de modo implacável adiante seus planos econômicos e criaram um arcabouço ideológico para justificar sua visão econômica sobre El Salvador. A Fundação Salvadorenha para o Desenvolvimento Econômico (Fusades) encampou o compromisso norte-americano de promover a reforma neoliberal no país. De 1984 a 1992, a Agência Americana para o Desenvolvimento Internacional (Usaid) contribuiu com 100 milhões de dólares, apenas para a Fusades. Essa entidade em breve começaria a redefinir sua política econômica, em um processo de prolongadas e amplas implicações que se estenderiam por um longo tempo ainda, após o fim da guerra.

Enquanto isso, os democrata-cristãos, tendo esperado 12 anos para assumir o controle do governo, o que lhes havia sido negado pelos militares em 1972, passaram a dissipar as esperanças e a boa vontade do povo salvadorenho. Acusações de corrupção irrestrita assolavam o PDC. As políticas estatistas de Duarte levaram à falência muitas das principais indústrias de El Salvador e houve quem dissesse que a administração de Duarte havia recorrido à rede de serviços públicos em proveito próprio. Além disso, encurralado pelos Estados Unidos por todos os lados, Duarte não conseguia dar fim à guerra, apesar de várias tentativas de negociação com a FMLN. Esses fracassos econômicos e políticos levaram, enfim, à derrota do PDC nas eleições legislativas de 1988.

Em 1988, a Arena obteve o controle da Assembleia após unir-se ao PCN. Essa vitória eleitoral legislativa foi acompanhada por uma mudança na liderança da Arena e na filosofia do partido, que aparentemente passou a ter uma orientação mais moderada e pragmática. Uma decisão crucial na transformação da imagem do partido foi a escolha de Alfredo Cristiani, um rico empresário e latifundiário, para presidi-lo. No final da década de 1980, a Arena não representava mais os interesses da oligarquia rural, como nos primeiros anos daquela década. Em vez disso, o aparato político da Arena agora era controlado pela elite industrial. Uma boa parte dessa mudança na Arena foi facilitada pela criação da Fusades, que defendia um programa econômico baseado no modelo neoliberal de desenvolvimento.

A CENTRO-ESQUERDA RETORNA A EL SALVADOR

O processo eleitoral iniciado pelos Estados Unidos em 1982 para legitimar o governo teve uma consequência imprevista, mas significativa (e malvista pela maior parte da direita): abriu um espaço político que foi, com rapidez, ocupado por novas organizações de massa, diferentes das dos anos 1970. Apesar da repressão permanente, embora em nível muito mais brando, em 1985 San Salvador estava mais uma vez assistindo demonstrações de rua pacíficas e organizadas, a maioria delas pedindo paz e empregos.

O outro impacto foi a aliança FDR-FMLN. Em meados da década de 1980, as duas entidades chegaram a um acordo tácito que permitia autonomia de ação a ambas, em certas áreas. Esse entendimento foi formalizado em um pacto assinado em 30 de novembro de 1986, no qual os dois partidos descreviam sua aliança como "histórica, estratégica, política e voluntária". Salientavam que, enquanto a FMLN estava comprometida com a formação de um único partido, as organizações que constituíam a FDR buscavam "preservar e fortalecer suas respectivas identidades".

Esse pacto sancionava formalmente um processo que já estava em andamento: o retorno a El Salvador dos partidos que representavam a esquerda democrática. Em 1985, o MPSC, cujo programa político era mais próximo dos social-democratas do

MNR do que da FMLN, começaram, na surdina, a enviar alguns líderes de volta a El Salvador, após cinco anos de exílio. Entre esses estava o Dr. Hector Silva, um médico que regressava a fim de implantar clínicas de bairro na região oeste de San Salvador. Enfim, em novembro de 1987, Rubén Zamora e Juan José Martel voltaram em caráter permanente a El Salvador, com outros antigos democrata-cristãos que haviam tido atuação destacada em 1980. Os membros do MPSC começaram, de modo ativo e agressivo, a construir o partido desde as bases nas cidades principais, trabalhando com recursos limitados e em clima de medo. Guillermo Manuel Ungo, do MNR, voltou na mesma época. Enquanto isso, o novo Partido Social Democrático (PSD) foi estabelecido em março de 1987.

No outono, esses três partidos discutiram a possibilidade de mais uma vez se envolver com a política eleitoral. Em 7 de novembro, o MPSC, o MNR e o PSD encontraram-se na Guatemala e fundaram a Convergência Democrática (CD). Depois, desistiram de participar da eleição de 1988, julgando que não havia as condições democráticas necessárias. Mas a CD apresentou uma plataforma em setembro de 1988 na qual definia quatro "grandes problemas" em El Salvador: a guerra civil, a perda da soberania nacional, a ausência de uma verdadeira democracia e a extrema pobreza da maioria da população.

1989: O TUMULTUADO CAMINHO DA PAZ

Uma série de eventos significativos, tanto de âmbito doméstico quanto internacional, convergiu para alterar o contexto salvadorenho em 1989. O início do colapso da União Soviética e a eleição de George Bush como presidente dos Estados Unidos, em 1988, levaram a uma mudança dramática na política internacional norte-americana para a região. Bush, um internacionalista mais do que um ideólogo anticomunista como seu antecessor, defendia uma política para a qual as insurreições latino-americanas eram entendidas menos no contexto da ameaça comunista internacional do que em termos dos seus próprios problemas internos. O declínio da URSS também provocou um impacto significativo na abertura da FMLN para buscar um acordo de paz negociado.

No âmbito regional, os acordos de paz para a América Central, promovidos pelo presidente Oscar Arias, da Costa Rica, foram assinados em Esquipulas, Guatemala, em 1986-1987, apesar do dedicado empenho dos Estados Unidos para atrapalhar essa negociação. Os acordos regionais ajudaram a criar um clima favorável a um acordo geral negociado em El Salvador (o que, não por acaso, contribuiu diretamente para que o presidente Oscar Arias recebesse o Prêmio Nobel da Paz, em 1987).

Em El Salvador, mudanças ideológicas significativas tanto no governo salvadorenho quanto na FMLN ajudaram a montar o palco para as negociações. Em 1989, o comandante Joaquin Villalobos da FMLN escreveu um artigo para o respeitado jornal estadunidense *Foreign Policy* [Política Externa], detalhando a posição ideológica da FMLN e sua predileção pela democracia. Embora o artigo não demonstrasse um distanciamento radical em relação à ideologia da FMLN, ajudou as elites da política externa norte-americana a verem a FMLN através de um novo prisma, no contexto do fim da Guerra Fria. A transformação da Arena, de entidade extremista para pragmática, também colaborou para pavimentar o caminho em direção a um acordo político que desse fim à guerra.

Nesse ínterim, as Igrejas Católica, Luterana e Anglicana criaram a Comissão Permanente sobre o Debate Nacional (CPDN), uma organização ecumênica do ponto de vista religioso e secular, fundada com o intuito de buscar um consenso nacional sobre a paz. Mais de cem entidades (exceto os partidos políticos e o governo) foram convidadas a se integrar. Em setembro de 1988, sessenta "forças vivas", representando larga porcentagem da população salvadorenha, reuniram-se para debater e chegar a um consenso extraordinário a respeito de propostas relacionadas com as fontes da guerra, seus principais agentes e os passos mais adequados rumo à paz. (O setor privado, embora convidado, foi uma ausência notada.) O significado do "Debate Nacional", como ficou conhecido, foi ter demonstrado que a esmagadora maioria da população queria a paz. Nos meses seguintes essa paz foi sendo construída, com a ajuda de levantamentos de opinião pública realizados pelo cada vez mais respeitado Instituto de Opinião Pública da Universidade Centro-Americana José Simeón Caña, que conferiu o consenso popular, desde as camadas de base, em favor de negociações, algo que nem o governo nem a FMLN poderiam mais ignorar.

UMA PROPOSTA ELEITORAL RADICAL

No final de janeiro de 1989, a FMLN praticamente interrompeu por um mês a campanha presidencial para as eleições que se aproximavam, ao apresentar a proposta de que o governo adiasse o pleito por seis meses, mantivesse o Exército nos quartéis no dia das eleições, integrasse a Convergência Democrática ao Conselho Central da Eleição (CCE – entidade governamental que supervisionava as eleições) e providenciasse meios para que os salvadorenhos no exterior também pudessem votar.

O presidente do CCE e líder democrata-cristão, Fidel Chávez Mena, respondeu positivamente à proposta. Dois dias depois, o governo de Duarte recusou-a e, após mais dois dias, um porta-voz do recém-empossado presidente norte-americano George Bush declarou que essa proposta deveria ser levada a sério. O governo salvadorenho, surpreso com a conduta pública do governo Bush, adiou por mais três semanas o início das conversações e concordou, no final de fevereiro, que a cúpula se realizasse no México com representantes dos 13 partidos políticos e a FMLN.

Nessa reunião, a FMLN apresentou outra proposta, cujos temas permaneceriam vivos ao longo das negociações de paz pelos três anos seguintes. Os revolucionários concordavam em renunciar à luta armada, participar do processo político e reconhecer a existência de um único exército. Em troca, a FMLN se empenharia em chegar a um acordo com o governo a respeito de diversas medidas de reformas militares.

Por alguns dias houve sinais de que as negociações poderiam ser bem-sucedidas. No fim, contudo, fracassaram, em grande medida porque a Arena farejou vitória e não se dispôs mais a adiar por outros seis meses o que acreditava ser um resultado inevitável. Nesse ínterim, pela primeira vez a FMLN dominou o debate político interno e eclipsou a campanha eleitoral.

Um diplomata latino-americano, citado no *Washington Post*, comentou:

> É irônico que uma das principais forças da política salvadorenha – a FMLN – que não está participando das eleições tenha conseguido manobrar o calendário político. Mostraram com isso maior criatividade e agilidade do que o governo ou os partidos políticos.

Os rebeldes também se relançaram como uma força com a qual os outros personagens teriam de se haver, recolocando o tópico da paz como prioridade em suas próprias agendas.

A Arena, é claro, estava certa em sua conjectura: seu candidato, Alfredo Cristiani, venceu com a confortável margem de 54% dos votos. O democrata-cristão Fidel Chávez Mena obteve 36%. A Convergência Democrática, que havia desistido de concorrer nas eleições de 1988, decidiu indicar Guillermo Manuel Ungo como seu candidato para a campanha presidencial de 1989. Lamentavelmente carente de fundos de campanha bem como de voluntários, além de amaldiçoada tanto pela Arena quanto pelos democrata-cristãos como fachada da FMLN, a CD conseguiu obter apenas 3,8% dos votos. Ungo, Zamorra e seus partidários, entretanto, ficaram felizes por terem reaparecido no cenário político nacional e saberem que sua mensagem havia encontrado eco em uma população acuada, após sete anos de guerra e maciça repressão.

A OFENSIVA DE 1989

Embora a FMLN estivesse planejando sua proposta eleitoral no final de 1988 e início de 1989, também estava em meio à elaboração de uma estratégia para uma grande ofensiva mili-

A Revolução Salvadorenha

tar. Na realidade, vários comandantes reconheceram que, após o término da guerra, o planejamento para uma ofensiva já havia sido iniciado em 1987. Mesmo assim, o comandante Roberto Roca (Francisco Jovel), um dos negociadores da FMLN na cúpula de 1989 no México, disse que o governo "poderia ter prevenido a ofensiva de 89 ... o que era politicamente muito mais justificado depois [que a proposta da eleição adiada tinha sido recusada]".

A FMLN acendeu de imediato o fogo. Foi sangrento o dia da eleição, no fim de março. Os guerrilheiros não atacaram os locais de votação, mas houve tiroteios em todo o país, entre a FMLN e o Exército. Os rebeldes interromperam o fornecimento de luz em San Salvador e em 80% do país, e ordenaram uma interrupção bastante eficiente, de quatro dias, no funcionamento dos meios de transporte.

Apesar desse aumento da atividade militar, dois dias após o pleito o recém-eleito Alfredo Cristiani convocou conversações de paz. Então, em seu discurso de posse, no dia 10 de junho de 1989, expôs um plano com cinco tópicos para negociações com a FMLN, algo que os próprios rebeldes haviam proposto no dia anterior. Mais importante ainda, Cristiani não exigiu a rendição dos guerrilheiros.

Essa foi uma atitude de imenso apelo popular. Um dia antes da posse de Cristiani, o Instituto de Opinião Pública da UCA divulgou um levantamento de âmbito nacional, mostrando que 76% dos entrevistados acreditavam que o novo governo "deveria abrir um diálogo com a FMLN e negociar com eles".

O governo e a FMLN reuniram-se no México, em meados de setembro de 1989, e concordaram com os procedimentos para as negociações, os quais incluíam, na qualidade de testemunhas, representantes da Conferência Episcopal Salvadorenha, da Organização das Nações Unidas (ONU) e da Organização dos Estados Americanos (OEA). A FMLN apresentou uma proposta convocando um cessar-fogo para 15 de novembro e para o fim da guerra em 31 de janeiro de 1990. O governo indicou que essa proposta assinalava uma mudança positiva de tom.

Quando os dois lados se encontraram novamente um mês depois, em San José, na Costa Rica, com a proposta de cessação das hostilidades em sua agenda de conversações, o governo exigiu um cessar-fogo imediato. Entretanto, Cristiani não foi capaz de oferecer garantias quanto à segurança dos rebeldes e de seus partidários. Os dois lados concordaram em criar uma comissão operacional especial, que seria responsável pela implementação dos acordos, assegurando a vida, liberdades civil e de reunião e organização popular, reforma do sistema eleitoral, além de melhorias no sistema judiciário. Nos acordos de paz, esse organismo viria a ser conhecido como a Comissão Nacional para a Consolidação da Paz (Copaz). Também foi estabelecido um acordo mínimo para resolver a crise econômica e reduzir as Forças Armadas. A FMLN, que realizara um largo espectro de ataques enquanto as negociações estavam em andamento, ofereceu e depois pôs em prática o que a comandante Ana Guadalupe González chamou de a "suspensão de metade da guerra".

Uma terceira reunião foi marcada para os dias 20 e 21 de novembro em Caracas, Venezuela. A extrema direita, entretanto, decidiu que as coisas estavam indo depressa demais. Uma série de bombas foi detonada em torno de San Salvador, atingindo até mesmo a casa de Rubén Zamorra e o escritório da Igreja Luterana. Foram lançadas granadas na Universidade de El Salvador e, em 31 de outubro, poucos dias após a reunião em San José, uma bomba que explodiu na hora do almoço, no quartel-general da maior e mais militante federação dos sindicatos de El Salvador, a Federação Nacional Sindical dos Trabalhadores Salvadorenhos (Fenastras), matou sua secretária-geral, Febe Elizabeth Velásquez, e mais nove pessoas, além de ferir outras trinta. O ataque a bombas contra a Fenastras convenceu a FMLN de que o governo não conduzia com seriedade as negociações.

"Estamos diante de uma nova situação que nos força a defender a luta do povo", dizia um comunicado da FMLN. "No esforço de abertura a negociações legítimas adotamos posições muito mais flexíveis, mas ... reafirmamos perante a nação

A Revolução Salvadorenha

que jamais deporemos nossas armas em face do terrorismo do Estado."

O presidente Cristiani emitiu um comunicado pelo rádio pedindo calma e prometeu uma investigação completa do ataque sofrido pela Fenastras. Não aconteceu nada.

Onze dias depois, a FMLN trouxe a guerra até a capital, ocupando áreas de bairros de elite, para o espanto de muitos de seus habitantes. A "Ofensiva de Novembro", com três semanas de duração, surpreendeu o governo salvadorenho, o Exército e os Estados Unidos, que haviam tentado, cada um deles, durante anos e anos, minimizar o alcance e a eficácia do apoio popular aos guerrilheiros. A ofensiva de novembro deixou claro que a FMLN não era o movimento carente de coordenação e impopularmente comunista que seus adversários tentavam alimentar no imaginário popular.

O PLANEJAMENTO

Conforme admitiu um oficial norte-americano, havia "uma inundação de armas e munição" chegando a San Salvador. "Isso não poderia ter ocorrido sem que um número muito grande de pessoas tivesse ajudado ou, no mínimo, consentido em silêncio."

O comandante Damián Alegria afirmou que a inspiração para a FMLN tinha sido a ofensiva de 1975 no Vietnã.

> Tentamos copiar o seu projeto, primeiro abrindo rotas de norte a sul; depois, armazenando armas em todos os locais, até mesmo perto de guarnições militares; em terceiro lugar, enviando combatentes para se familiarizarem com a zona inteira, de modo que pudessem ser colocados no interior da capital, antes da ofensiva.

"Mas San Salvador não era Saigon", prosseguiu Alegria, de modo que a ofensiva foi desfechada de Guazapa, a 25 quilômetros da capital, ao norte, e à mesma distância do vulcão de San Salvador, o que constitui a fronteira sudoeste da capital.

Roberto Roca notou que, após a eleição presidencial, "o número de colaboradores triplicou. Havia pessoas oferecendo suas casas perto da cidade, onde poderíamos montar uma clínica ou estocar trezentos ou quatrocentos pentes de balas, espigas de milho ou sacas de feijão". Além disso, a FMLN ludibriou os especialistas em inteligência norte-americanos e salvadorenhos usando prisioneiros políticos recém-libertados para a criação de organizações não governamentais, sobre as quais os serviços de informação se concentraram, enquanto os comandos urbanos se organizavam e se posicionavam por toda a capital. Agendada no início para o fim de agosto ou começo de setembro, quando as chuvas são menos constantes, mas ainda não pararam de todo, a ofensiva foi adiada por dificuldades logísticas.

Então ocorreram os bombardeios e o ataque à Fenastras.

O RESULTADO

Embora o objetivo principal da ofensiva, a derrubada do governo, não tenha sido atingido, seu impacto foi significativo em muitas outras frentes. Montgomery escreveu que os resultados mais expressivos da ofensiva foram expor as falhas do serviço de inteligência dos Estados Unidos e de El Salvador, demonstrar a capacidade da FMLN e a incompetência do Exército salvadorenho e revelar o fracasso dos nove anos da política norte-americana para a região. Ao longo da década de 1980, os Estados Unidos gastaram 4,35 bilhões de dólares, dos quais 1,35 bilhão em ajuda militar direta, para derrotar a FMLN. Embora esse país tivesse fracassado, conseguiu, não obstante, impedir a vitória militar da FMLN, o que serviu de posterior incentivo para forçar os rebeldes a se sentarem à mesa de negociações. Os Estados Unidos conseguiram também tornar as eleições uma "rotina"; por mais que ainda fossem limitadas ou corruptas, e desencorajar vários golpes militares como meio para mudanças de regime. A ofensiva de novembro teve também outras consequências. Em 16 de novembro de 1989, membros do Batalhão Atlacatl, treinados pelos militares norte-americanos, entraram na Universidade Centro-Americana José Simeón Caña e mataram seis jesuítas – o reitor, Ignácio Ellacuría, o vice--reitor, Ignácio Martin Baró, fundador e diretor do Instituto Universitário de Opinião Pública (Iudop) da UCA, Segundo Montes, fundador e diretor do Instituto de Direitos Humanos da UCA (IDHUCA), Joaquín López y López, Anando López e Juan Ramón Moreno – além de Elba e Celina Ramos, a governanta dos jesuítas e sua filha.

Os assassinos chamaram a atenção do mundo todo e atraíram ainda mais vigilância para o Exército salvadorenho, expondo a incapacidade do novo governo de Cristiani de controlá-lo. Os matadores demonstraram, claramente, que a vasta quantidade de ajuda dos Estados Unidos havia fracassado em sua intenção de reformar o Exército, que agiu com impunidade durante toda a guerra. Em represália, os Estados Unidos sustaram 42,5 milhões de dólares de ajuda militar já aprovados, ou seja, a metade do que haviam prometido a El Salvador. Sem essa verba, desaparecia de vista qualquer pretensão de uma futura vitória militar do Exército salvadorenho sobre a FMLN. Os dois lados, reconhecendo que uma vitória militar não seria mais possível, concordaram então em negociar o fim da guerra.

4. Da Guerra à Paz e Além: 1992-2005

Quando a ofensiva de novembro esmoreceu, em meados de dezembro de 1989, os presidentes dos países da América Central reuniram-se em San Isidro de Coronado, Costa Rica. Desse encontro resultou um documento em que solicitavam ao secretário-geral da ONU, Javier Pérez de Cuellar, que empregasse sua influência e bom trânsito no cenário internacional para instaurar a paz em El Salvador. Nesse ínterim, durante a ofensiva, a FMLN havia-se encontrado secretamente com o diplomata peruano Alvaro de Soto, assistente especial do secretário-geral, a fim de avaliarem a possibilidade de retomar as negociações.

Em 31 de janeiro de 1990, o presidente Alfredo Cristiani reuniu-se com Pérez de Cuellar para formalizar uma solicitação à ONU, a fim de que a organização participasse como *mediadora* das conversações de paz. Como resultado, em fevereiro e março o escritório do secretário-geral da ONU, em benefício do governo e dos rebeldes, iniciou uma rodada de intercâmbios diplomáticos. Em 4 de abril de 1990, os dois lados encontraram-se em Genebra, Suíça, e concordaram em iniciar negociações formais, solicitando mais uma vez que a ONU atuasse como mediador.

Os acordos de paz

Após as negociações em Genebra e um segundo encontro em Caracas, Venezuela, as reuniões transferiram-se para San José, Costa Rica, onde prosseguiram no mês de julho, quando se obteve o primeiro acordo significativo sobre direitos humanos. O fato de os salvadorenhos considerarem os direitos humanos, em vez das tradicionais atividades militares de manutenção da paz, o tópico mais premente foi o tom das negociações e da natureza da missão da ONU que seria instalada no ano seguinte.

No acordo de San José, os dois partidos concordaram que a observância dos direitos humanos e a missão de verificação teriam início quando o cessar-fogo de fato ocorresse. Entretanto, nos meses posteriores à reunião em San José, começou a se esboçar um consenso entre a FMLN e o governo de que a monitoração dos abusos contra os direitos humanos deveria começar antes. Com isso, em 6 de setembro de 1990 o Conselho de Segurança da ONU, assim que recebeu do secretário-geral um pedido específico nesse sentido, aprovou a instalação de um escritório preparatório em San Salvador. Esse escritório foi aberto em janeiro de 1991, com quatro integrantes. Uma missão técnica com 12 pessoas chegou em março e, quatro meses depois, no aniversário do acordo de San José, a Missão de Observadores das Nações Unidas em El Salvador (Onusal) passou a atuar como uma divisão de direitos humanos, seis meses antes do término da guerra.

Após as reuniões de julho em San José, ocorreu o primeiro de vários impasses nas negociações, os quais ampliaram a importância do papel desempenhado pela equipe de negociadores da ONU e, por fim, levou-a a redigir a maior parte dos acordos de paz, o que lhe conferiu um papel mais importante do que o de "mediador", originalmente atribuído à missão. Roberto Cañas, porta-voz da FMLN nas negociações, lembrou mais tarde que "Álvaro de Soto presidia a mesa de negociações, enquanto o venezuelano Pedro Nikken redigia praticamente todos os acordos".

Até mesmo antes de San José, no entanto, Nikken havia encaminhado uma pré-proposta a Genebra, contemplando três pontos: 1) uma "comissão especial" que, depois, se tornaria a "Comissão da Verdade"; 2) os direitos humanos; e 3) as Forças Armadas. Quando a FMLN se recusou a tratar deste último ponto, as Nações Unidas enviaram um documento de duas partes, abordando os primeiros dois itens, o que levou ao acordo de San José.

O impasse em relação ao futuro das Forças Armadas levou a FMLN e o governo a solicitarem que Álvaro de Soto preparasse um acordo operacional secreto para sua análise. O texto de Álvaro de Soto pedia a abolição de duas das três forças de segurança do Estado e do aparato de inteligência militar. Esse procedimento gerou um acordo tático entre as duas partes de só trabalhar com textos que fossem apresentados pela ONU.

Tal fato, porém, não deteve a FMLN, que apresentou suas próprias propostas às Nações Unidas. De Soto reuniu-se em separado com cada um dos lados, antes de todas as sessões e, em uma delas, até pediu a David Escobar Galindo, representante pessoal do presidente Cristiani na equipe do governo, para "mostrar alguma coisa". Escobar respondeu que "não havia instruções" de seu governo. Tempos depois, um oficial graduado da ONU observou: "Quando um partido assume essa conduta nas negociações, sempre perde, enquanto o outro ganha".

Em nenhum outro aspecto isso ficou mais claro do que em relação às propostas da FMLN para o futuro das Forças Armadas. Em junho de 1990, a FMLN apresentou uma pré-proposta pedindo redução, depuração e dissolução das forças paramilitares; o fim do recrutamento obrigatório e da impunidade; e a punição dos acusados pelas mais ultrajantes violações dos direitos humanos, incluindo-se o assassinato do arcebispo Romero e dos jesuítas. As negociações sobre o futuro das Forças Armadas não progrediram por mais de um ano, apesar de nova proposta de Álvaro de Soto, em janeiro de 1991.

Em agosto, a conduta da FMLN "endureceu": os rebeldes pediram a abolição completa das Forças Armadas. Embora essa proposta não recebesse o menor apoio de ninguém, os comandantes da FMLN negaram estar apenas recorrendo a uma tática de negociação; sua meta era produzir acordos finais de paz que incluíssem todas as propostas da FMLN feitas em junho de 1990.

Enquanto isso, no final de março e começo de abril de 1991, uma rodada de negociações com três semanas de duração, no México, resultou no primeiro conjunto de acordos para *reformas constitucionais*, relativas ao sistema judiciário, aos direitos humanos, às Forças Armadas e ao processo eleitoral. Essas mudanças foram aprovadas pela Assembleia Legislativa em 10 de maio, antes do prazo final.

Então, os negociadores voltaram-se para o espinhoso assunto dos termos do cessar-fogo e do futuro papel político da FMLN. Os guerrilheiros assumiram a posição de que não poderiam concordar com o cessar-fogo a menos que tivessem um papel político garantido. O governo afirmou que a FMLN não poderia exercer um papel político enquanto permanecesse armada. O resultado desse impasse foram quatro meses de inatividade e paralisação das negociações.

Em setembro de 1991, ficou claro que o único meio de resolver o impasse era trazer o presidente Cristiani para as negociações, que foram deslocadas para a sede da ONU, em Nova York. O secretário-geral Pérez de Cuellar escreveu ao presidente de El Salvador, pedindo-lhe que se dirigisse a Nova York em 16 de setembro de 1991, enquanto De Soto escrevia uma carta semelhante para a FMLN. Em seguida, ele informou ao governo dos Estados Unidos que: a) havia insistido em envolver diretamente o secretário-geral; b) este havia concordado; e c) cabia agora ao governo norte-americano providenciar visto para os comandantes da FMLN. O Departamento de Estado estadunidense concordou com esse pedido, e essa foi a primeira vez que um membro identificável da FMLN recebia permissão para entrar nos Estados Unidos.

Em 25 de setembro, a FMLN e o governo salvadorenho chegaram a um acordo importante, no qual aquela abandonava sua insistência histórica em ser incorporada às Forças Armadas, em troca do envolvimento na nova Polícia Nacional Civil (PNC) e da participação na Comissão Nacional para a Consolidação da Paz (Copaz).

As negociações então voltaram ao México e se mantiveram durante outubro e novembro. Em 14 de novembro, a FMLN anunciou que começaria uma trégua unilateral, à meia-noite de 16 de novembro, em honra dos seis jesuítas, a governanta

A Revolução Salvadorenha

deles e a filha desta, mortos dois anos antes. O governo uniu-se à FMLN comprometendo-se a respeitar a trégua até que fosse assinado um acordo bilateral de cessar-fogo. Na semana seguinte, o presidente Cristiani anunciou que a Força Aérea encerraria de imediato seus bombardeios, assim como o uso de artilharia pesada.

Em meados de dezembro de 1991, após pouco progresso nas negociações, a ONU insistiu em retomar as reuniões em Nova York, o que se manteve em ritmo lentíssimo. Sem autoridade para tomar decisões, a equipe do governo tinha de consultar Cristiani, por fax ou telefone, sobre cada detalhe. Por fim, a ONU, os Estados Unidos e um Grupo de Amigos do secretário-geral, montado para essa finalidade (com integrantes do México, da Colômbia, da Venezuela e da Espanha), pressionaram Cristiani a dirigir-se a Nova York. Ele chegou em 28 de dezembro e, daí em diante, as negociações passaram a andar mais depressa e sem interrupções.

Em 31 de dezembro, o secretário-geral, Pérez de Cuellar, cujo mandato se encerrava à meia-noite e deveria deixar Nova York à uma da manhã, adiou sua partida várias vezes, pois acendiam-se as esperanças de que fosse obtido um acordo final. Poucos instantes antes do início de 1992, a FMLN e o governo de El Salvador chegaram a um acordo sobre os principais pontos pendentes, que incluíam:

- a redução do tamanho das Forças Armadas;
- a limitação de seu papel à segurança do território nacional;
- a revisão do treinamento de seus integrantes;
- o processo de depuração de soldados e oficiais;
- a eliminação da Polícia Nacional, da Guarda Nacional e da Polícia Fazendária, que seriam substituídas pela nova Polícia Nacional Civil;
- a reforma do sistema judiciário; e
- a instalação de uma reforma eleitoral.

Eles concordaram também com a criação da Comissão Nacional para a Consolidação da Paz, como entidade responsável por assegurar a implementação dos acordos de paz e pela redação de um texto preliminar sobre a legislação dos direitos humanos. A Copaz deveria ser composta por dois representantes da FMLN, dois do governo, incluindo-se um membro das Forças Armadas, e um representante de cada partido ou coalizão na Assembleia Legislativa. O arcebispo de San Salvador, monsenhor Arturo Rivera Damas, teria o *status* de observador.

Permaneceram quase intocadas nos acordos as questões socioeconômicas que haviam entrado na pauta de discussões, as mesmas responsáveis pela guerra. Havia nos acordos a promessa de que esses temas seriam discutidos para que se desenvolvesse um modelo econômico mais equitativo, mas, no fim, o governo não tinha interesse em rever seu modelo econômico neoliberal, ao passo que a FMLN não tinha poder nem força para fazê-lo. Um membro da equipe de negociadores da ONU reconheceu, posteriormente, que "estava-se tentando mudar uma sociedade inteira" e não apenas dar um basta a uma guerra civil, com 11 anos de duração.

Os acordos de paz de Chapultepec, nome da fortaleza na Cidade do México onde foram assinados, tentavam lidar com as causas essenciais da guerra, pondo um fim ao conflito armado o mais rápido possível, promovendo a democratização, garantindo o absoluto respeito aos direitos humanos e reunificando a sociedade salvadorenha. Esses eram objetivos sem precedentes; nenhuma guerra civil até então se havia encerrado com um acordo destinado não apenas a eliminar as hostilidades, mas, na verdade, a reestruturar a sociedade. Os acordos estabeleceram uma agenda precisa para a implementação do período de cessar-fogo, que deveria acabar em 15 de outubro. Além dos itens já mencionados, os acordos exigiam a desmilitarização, incluindo-se a redução do contingente das Forças Armadas à metade, a extinção do exército guerrilheiro da FMLN e a legalização desta como partido político, a resolução da questão da distribuição das terras, uma das próprias causas da guerra,

A Revolução Salvadorenha

e o estabelecimento de comissões independentes para identificar os responsáveis pelos maiores abusos contra os direitos humanos (a Comissão da Verdade), além da exoneração dos integrantes do Exército que tivessem cometido atrocidades.

Apesar de todas as dificuldades, algumas das quais chegaram até a ameaçar o processo de paz, a Onusal contou com a ajuda ocasional do "Grupo dos Amigos Mais Um" (agora integrado pelas respectivas embaixadas em San Salvador, México, Venezuela, Colômbia e Estados Unidos) e conseguiu manter o processo da paz em andamento. Em 1993, uma nova força policial – a Polícia Nacional Civil – substituiu as antigas forças de segurança. Uma nova instituição governamental, a Procuradoria de Direitos Humanos, foi criada para atender os cidadãos que reclamavam dos abusos do governo. O contingente do Exército foi reduzido e se viu confinado aos quartéis, com todas as suas unidades especiais desarticuladas e os oficiais violentos, expulsos. O sistema judiciário, virtualmente inoperante, começou a dar os primeiros passos rumo a uma reforma. A FMLN tornou-se um partido político legal. O mais significativo, talvez, tenha sido a mudança radical na política cultural de El Salvador: não era mais aceitável matar as pessoas por razões políticas.

Implementação

A implementação dos Acordos de Chapultepec começou em 10 de fevereiro de 1992, com a formalização do cessar-fogo. No geral, muitas áreas dos acordos de paz foram implementadas com êxito, sem atrasos ou complicações significativas, embora o processo não tenha transcorrido exatamente sem problemas. Controvérsias políticas, falta de fundos, problemas técnicos assolaram diversos itens dos acordos. Ainda assim, para crédito de ambas as partes, o cessar-fogo nunca foi rompido, a despeito de obstáculos no processo de implementação do plano.

Um ano após a assinatura dos acordos, o efetivo das Forças Armadas já havia sido reduzido à metade, de 63.175 integrantes para 31 mil, acompanhando a dissolução das forças de

TOMMIE SUE-MONTGOMERY E CHRISTINE WADE

segurança. As unidades da defesa civil foram abolidas em junho de 1992, embora houvesse poucas dúvidas de que alguns membros continuavam a atuar de maneira independente. Apesar da demora inicial da administração Cristiani, a Polícia Nacional foi oficialmente dissolvida pela nova administração de Armando Calderón Sol, em dezembro de 1994, sem problemas dignos de nota. Os integrantes da Polícia Nacional que atendiam aos critérios estabelecidos pelos acordos de paz puderam se candidatar a empregos na PNC, assim como antigos membros da FMLN. Cada grupo constituía 20% da nova força.

Nessa fase de implementação ocorreu uma falha significativa: em dezembro de 1992, a ONU comprovou que a FMLN havia-se desarmado e fora capaz de se transformar em um partido político oficial. Esse "atestado de saúde" foi questionado depois que um carregamento maciço de armas, pertencentes à FMLN, especificamente à FPL, foi encontrado em Manágua, no mês de junho seguinte. Em seguida, a FMLN revelou outros depósitos de armas para a Onusal e, após essa constatação, a missão da ONU ficou satisfeita com a obediência da organização. A Onusal pôde verificar que todas as armas da FMLN haviam sido destruídas, até 18 de agosto de 1993. No geral, contudo, a desmilitarização e a desmobilização tanto da FMLN quanto das Forças Armadas ocorreram sem dificuldades significativas.

A missão da Onusal concentrou-se, então, nas questões socioeconômicas abordadas nos acordos. As três principais metas da seção socioeconômica dos acordos tinham a ver com a criação do Fórum Econômico, um corpo consultivo que incluía representantes do setor privado e de sindicatos, um plano de desenvolvimento nacional e a transferência de terras. As atitudes profundamente divergentes entre os setores público e privado a respeito do modelo econômico para o país significaram que o Fórum foi praticamente um natimorto. Sua reunião inaugural demorou meses para ser realizada e, quando então ocorreu, não deu em nada. No fim, simplesmente desapareceu no ar, como um doloroso símbolo de onde o poder econômico em El Salvador continuava assentado e da fraqueza da FMLN em fomentar mudanças. O plano de desenvolvimento nacional, que seria, em tese, o resultado de uma consulta entre o governo, a FMLN, o setor privado e ONGs, também foi eficazmente sequestrado pelo governo e seus aliados. Após atrasos e atitudes de má vontade, a agência destinada a supervisionar a implementação do plano começou enfim a trabalhar, de acordo com a conveniência da agenda do governo. O resultado foi o uso de um elevado montante do dinheiro internacional enviado para ajuda, com poucos resultados concretos para justificar as despesas.

O programa de transferência de terras era, originalmente, destinado a ser um processo por meio do qual os combatentes da FMLN e seus partidários seriam reintegrados à sociedade, não como meio de solucionar a grave questão agrária que assolava o país havia mais de cem anos. Esse programa foi complicado por questões de titularidade e verificações. Durante esse processo, muitos pequenos proprietários de terras ou latifundiários ausentes em áreas controladas pela FMLN, ou em permanente disputa entre os próprios guerrilheiros e o Exército, tinham abandonado suas propriedades. Às vezes era impossível determinar a quem a terra pertencia antes da ocupação e quais deveriam ser os (devidos) destinatários dos lotes, gerando processos que consumiam um tempo interminável. Além disso, muitos foram os equívocos a respeito dos termos dos acordos e houve quem se surpreendesse ao descobrir que, na realidade, teria de comprar a terra, apesar de em condições acessíveis.

A reforma no Judiciário foi – e continua sendo – uma das mudanças mais difíceis de ser implementada, em razão, em parte, da extensão da corrupção no Judiciário, da falta de advogados e juízes de alto nível cultural e da histórica politização do processo judicial. Em março de 1993, cinco dias após a Comissão da Verdade ter divulgado seu relatório, em que 95% dos casos de violação dos direitos humanos, cometidos desde 1980, eram atribuídos às Forças Armadas e aos esquadrões da morte, a Assembleia Legislativa aprovou uma lei de anistia geral. De início, o governo tentou impedir que a Comissão levasse seus dados ao conhecimento do público, mas não conseguiu convencer a FMLN a participar da tentativa. Embora uma lei de anistia tivesse sido considerada tanto pelo governo quanto pela FMLN, durante as negociações de paz, o âmbito da anistia de 1993 foi muito maior do que a FMLN esperava. A Lei da Reconciliação Nacional, aprovada em janeiro de 1992, visava a integrar os líderes da FMLN ao sistema político e não se aplicava aos condenados nos tribunais, como era o caso dos responsáveis pelos assassinatos da UCA, ou dos citados no relatório da Comissão da Verdade. A lei da Anistia de 1993 impedia não só que as pessoas fossem julgadas por crimes cometidos durante a guerra, mas que também se descobrisse em que condição se encontravam suas vítimas. Por causa disso, não havia como recorrer legalmente contra crimes cometidos durante o conflito, em varas cíveis ou criminais.

Apesar da expressiva ajuda disponível ao processo da reconstrução, alguns programas, incluindo-se os considerados de "alta prioridade", sofreram escassez de dinheiro. Conforme o economista James Boyce, da Universidade de Massachusetts, programas de alta prioridade, tais como o da eliminação da Polícia Nacional, a criação da PNC e as reformas democráticas e do Judiciário, sofreram cortes significativos. Embora os Estados Unidos cobrissem mais de 75% do total desses fundos monetários, outros doadores contribuíram com 78% dos recursos necessários aos programas de menor impacto. Os doadores de outros países contribuíram apenas com 21 milhões de dólares para a criação e o treinamento da nova força policial, as transferências dos títulos de terra e os programas das reformas das instituições democráticas e do Judiciário. O resultado foi um corte antecipado de 311 milhões de dólares, que o governo salvadorenho não estava disposto a cobrir, por motivos políticos.

O governo, que relutantemente concordara com vários tópicos, incluindo a nova política, carecia da vontade política necessária para ceder em qualquer outra pauta além do já estipulado nos acordos. O resultado foi que a missão da ONU, Onusal, foi forçada a interferir em uma série de pontos e a pressionar o governo a ceder. Infelizmente, a Onusal não conseguiu forçar o governo a incluir no orçamento anual os fundos necessários, a menos que a Assembleia Nacional, ainda dominada pela Arena, os aprovasse. Com isso, a nova Polícia Nacional Civil – sem dúvida, a mais importante das novas instituições do país – lutou desde o princípio para obter recursos essenciais, como carros, caminhões e rádios.

As "Eleições do Século"

A pedido do governo salvadorenho e com o apoio da FMLN, o Conselho de Segurança da ONU ampliou o mandato da Onusal, a fim de "incluir a observação do processo eleitoral, previsto para culminar em Eleições Gerais em março de 1994". Essas eram eleições de importância crítica, pois ocorreriam apenas dois anos após os acordos de paz. Além disso, segundo o sistema eleitoral salvadorenho, que previa um mandato de cinco anos para presidente e de três para prefeitos e deputados, as eleições para os três cargos só coincidiam a cada 15 anos. Esses dois fatores levaram à criação da expressão, até certo ponto exagerada, de "as eleições do século".

O mandato da Onusal importava em estar presente nos locais de registro dos eleitores, acompanhar a campanha, a votação e todos os estágios da contagem dos votos. Infelizmente, o Supremo Tribunal Eleitoral (STE), criado por insistência da FMLN durante os acordos de paz como instituição não partidária para administrar o processo eleitoral em sua totalidade, mostrou logo ser uma agência governada por "picaretas" incompetentes do partido. Por isso, o departamento eleitoral da Onusal teve de intervir com maciço apoio logístico, a fim de garantir que a inscrição dos cerca de 786 mil eleitores adultos tivesse êxito. Após 11 anos de guerra, dezenas de milhares de refugiados e deslocados voltavam para casa, e as listas de eleitores estavam repletas de duplicações, erros e falecidos não excluídos. Decidiu-se que seria mais fácil fazer uma relação nova por completo do que apurar a antiga. Para tanto, e também para garantir outros preparativos para a eleição de março de 1994, a Onusal, que vinha recebendo queixas regulares da FMLN sobre intimidações e omissões, teve de adular, seduzir e intimidar o Tribunal para que este fizesse o serviço para o qual havia sido criado.

Cerca de novecentos observadores da Onusal, oriundos das três Américas, da Europa, da África e da Ásia, foram enviados para monitorar as eleições de 1994. No fim, as eleições foram consideradas justas, apesar de problemas com as listas de eleitores, mudanças de locais de votação e horários irregulares de funcionamento em alguns locais de apuração, além da impossibilidade de milhares de eleitores de providenciarem seus títulos. Mesmo assim, as eleições de 1994 foram significativas, pois essa foi a primeira vez que o povo salvadorenho elegeu livremente e ao mesmo tempo seu presidente, os deputados da Assembleia Legislativa e os prefeitos.

Após uma fase inicial de divergências a respeito da estratégia política da FMLN para a escolha de um candidato à presidência, o partido finalmente se uniu em uma coalizão com a Convergência Democrática (CD) e o Movimento Nacional Revolucionário (MNR) para apoiar a candidatura do líder da CD, Rubén Zamorra, na corrida contra Armando Calderon Sol, da Arena. Calderon Sol venceu com 49,3% dos votos, ou seja, por muito pouco não conseguiu decidir as eleições no primeiro turno. A coalizão da FMLN obteve 24,5% dos votos, ao passo que os democrata-cristãos, 16,4%. No segundo turno, Calderon Sol derrotou Zamorra de maneira clamorosa, com 68% contra 32% dos votos. Apesar da derrota nas eleições presidenciais, a FMLN conseguiu levar alguns deputados para a Assembleia Nacional, embora não tantos quanto esperava.

A Revolução Salvadorenha

Tabela 4.1 – Resultados das Eleições de 1994 para a Assembleia Legislativa

Partido	Cadeiras	Porcentagem de votos
Arena	39	45
FMLN	21	24
PDC	18	14
PCN	4	
CD	1	
UD	1	

Fonte: Tribunal Superior Eleitoral de El Salvador (TSE).

Aflições internas: reaparecem as fissuras na FMLN

As divisões intestinas da FMLN, que espelhavam as filosofias das cinco organizações guerrilheiras, reapareceram logo depois das eleições. Recorrendo a uma simples porém astuta mudança na chefia interna da Assembleia Legislativa, a Arena conseguiu fazer o que o governo dos Estados Unidos não conseguira em 14 anos de interferência, precipitando uma dissensão ostensiva na FMLN. Nas horas finais de funcionamento da antiga Assembleia, a Arena fez aprovar uma lei que dava ao partido controle absoluto sobre a direção do Legislativo, ao outorgar ao presidente da Casa dois votos, na eventualidade de um empate nas decisões do grupo de dez líderes. Em uma convenção do partido, a maioria dos líderes da FMLN votou pela abstenção na direção da Assembleia (composta por um presidente, quatro vice-presidentes e cinco secretários), até que as regras mudassem.

Quando ocorreu a votação, durante a primeira sessão da Assembleia Geral, sete deputados da FMLN, vindos do ERP e da RN, romperam fileiras e votaram na deputada da Arena, Glória Salguero Gross, para presidente da Assembleia. Em troca de seus votos, a ex-comandante do ERP, Ana Guadalupe

Martínez, foi eleita para um dos cargos de vice-presidente, e Eduardo Sancho (Ferman Cienfuegos), da RN, foi eleito como um dos secretários. O coordenador geral da FMLN, Shafik Handal, emitiu um comunicado dizendo que a FMLN não reconhecia esses deputados e acusava o comandante do ERP, Joaquín Villalobos, de ter feito um pacto com o governo da Arena. Alguns dias depois, Villalobos e sete outros deputados foram suspensos da FMLN. O ERP e a RN romperam formalmente com a FMLN em dezembro de 1994, fundando o Partido Democrático (PD) em março de 1995. Em seguida, Villalobos assinou o *Pacto de San Andreas* com a Arena, declarando oficialmente seu apoio às políticas neoliberais. A ruptura pública entre o ERP e a FMLN revelou as dificuldades que as várias organizações haviam enfrentado para manter a unidade durante a guerra. Os desejos conflitantes de permanecer fiéis ao caráter do movimento revolucionário (ortodoxos) e de evoluir e se tornar um partido político mais viável (renovadores) ameaçavam dividir o partido.

Nos três anos seguintes, Villalobos tornou-se independente e, aparentemente, transformou-se em um aliado mais próximo da Arena. Dois acontecimentos demonstraram seu completo afastamento dos antigos colegas. De seu ponto de vista, o primeiro estava ligado a seus esforços para construir pontes com a oligarquia. Participou de um esquema para persuadir – ou forçar – os membros da maior cooperativa de café da região de San Salvador a vender uma parte substancial de sua terra para empreendimentos imobiliários. Por esse envolvimento, ele foi denunciado com aspereza pela FMLN e por outros líderes de centro-esquerda, acusado de vender às próprias pessoas que (em silêncio) o haviam apoiado e apoiado a FMLN, durante a guerra.

O segundo fato reabriu feridas que haviam sido feitas em 1976, com a morte do poeta salvadorenho Roque Dalton. Villalobos admitiu, em uma entrevista, que se havia envolvido diretamente na decisão de assassinar Dalton, acusado pela facção do ERP, de que Villalobos fazia parte, de ser agente da CIA.

A Revolução Salvadorenha

Villalobos admitiu seu erro e pediu desculpas, mas sua atitude não impressionou a FMLN.

Enquanto isso, outra controvérsia que atormentaria o partido por vários anos, entrando pelo novo século, veio à tona. Tratava-se da velha briga entre democracia e centralismo--democrático, agora transformada em um problema da direção do partido. Em termos simples, um grupo, liderado pela RN e por alguns membros do ERP, apoiava, de modo enfático, a transformação da FMLN em um modelo abertamente democrático de administração, segundo as novas circunstâncias resultantes dos acordos de paz. O outro grupo queria conservar uma estrutura partidária mais leninista, o centralismo-democrático e o controle vertical sobre os membros do partido e sua política. Essas duas facções tornaram-se os Renovadores (que queriam a democratização) e os Ortodoxos (que insistiam no modelo quase leninista). Estes últimos eram dominados pelo Partido Comunista, com longa experiência em política eleitoral desde o decênio de 1960 e que, ao longo de toda a década seguinte, conseguiria dominar os órgãos internos do partido, apesar de ser uma das duas facções numericamente menos representadas entre as organizações que constituíam a FMLN. Esse conflito viria à tona nas eleições presidenciais de 1999 e 2004, com resultados desastrosos para o partido.

A missão da Onusal encerrou-se em 30 de abril de 1995. No entanto, a ONU continuou presente no país, na forma de uma missão menor e reformulada, chamada Missão de Verificação das Nações Unidas em El Salvador (Minusal), por mais três anos, e também atuando por meio de um Programa de Desenvolvimento das Nações Unidas. A Onusal supervisionou alguns dos elementos mais críticos dos acordos de paz, incluindo--se as forças de desmobilização, e sempre foi considerada uma das mais bem-sucedidas operações de manutenção da paz da história da ONU. Mas uma questão continuava em aberto: o que seria de El Salvador quando a missão se retirasse?

FERVOR REVOLUCIONÁRIO, REALIDADE POLÍTICA: 1994-2004

Durante as negociações de paz, os representantes da FMLN apostaram que aquelas questões que não haviam sido contempladas nos acordos poderiam ser trazidas à tona, agora que a FMLN estava no poder. Como a oposição descobriu em 1994, derrotar a Arena durante uma campanha presidencial não seria mais fácil do que derrotar o Exército durante a guerra. Mas, em meados de 1990, a Arena era uma máquina política bem azeitada, com a perícia, a exatidão e o dinheiro necessários para derrotar a oposição. Mas a FMLN também experimentou o sabor de uma validação nas eleições de 1994, recebendo garantias de que as eleições legislativas e municipais de 1997 a consolidariam como força política.

A FMLN aumentou sua cota de votos nas eleições legislativas de 1997 em mais de 20%. Além disso, mais do que triplicou o número de prefeituras conquistadas, incluindo-se a da capital, San Salvador. Talvez o mais surpreendente tenham sido as perdas sofridas pela Arena, que deixou de contar com mais duzentos mil votos (queda de cerca de 35%), entre 1994 e 1997. Os democrata-cristãos também saíram perdendo, com o enfraquecimento de suas bases de apoio em um processo que já vinha ocorrendo desde meados da década de 1980.

Tabela 4.2 – Votos ganhos ou perdidos entre as eleições legislativas de 1994 e 1997

Partido	1994	1997	Votos ganhos/perdidos	Porcentagem
Arena	605.775	396.301	-209.474	-34,6
FMLN	287.811	369.709	+81.898	+22,2
PDC	240.451	93.545	-146.906	-61,1
PCN	83.520	97.362	+13.842	+14,2

Fonte: Adaptado de Cruz (1998), Tabela 10.

A aparente indiferença da Arena à realidade da maior parte da população salvadorenha foi um dos principais fatores de sua derrota. A contínua e dogmática aplicação do modelo neoliberal por Calderon Sol teve um profundo efeito sobre o setor público, cortando perto de 12 mil empregos durante seus primeiros dois anos de mandato. Além disso, o controverso aumento do imposto de valor agregado (IVA) de 10% para 13%, aplicado à cesta básica de alimentos, teve um impacto desproporcional no orçamento da classe pobre. Quando o crescimento econômico começou a desacelerar, muitos se indagaram por que a paz não estava pagando seus dividendos. Outros, que haviam participado da base tradicional da Arena, sobretudo na elite rural, também se sentiam cada vez mais excluídos pelas políticas de Calderon Sol, que favorecia os setores de serviços e financeiro, em detrimento da agricultura. A decepção generalizada com a economia ajudou a FMLN em 1997, mas seria suficiente para garantir-lhe a presidência em 1999?

O pleito de 1997 mudou dramaticamente o cenário político de El Salvador e impulsionou a confiança da FMLN, ao se aproximarem as eleições presidenciais de 1997. Infelizmente, evidências de rivalidades internas reapareceram na esteira da vitória da FMLN. Essas rivalidades, entre ortodoxos e renovadores, seriam uma praga atormentando o partido nos anos seguintes e, em 1998, vieram à tona na convenção partidária de agosto, para eleger o candidato à eleição. Os renovadores escolheram o prefeito de San Salvador, Dr. Hector Silva, enquanto os ortodoxos optaram pela ex-procuradora de Direitos Humanos, Dra. Victoria de Aviles; o economista Dr. Salvador Arias era o terceiro candidato. O entusiasmo normal de uma convenção degenerou, com rapidez, em uma gritaria entre os dois lados rivais. O Dr. Silva, que fora eleito prefeito em 1997 e era imensamente popular, não conseguia se fazer ouvir acima das vaias e assovios. Por sua vez, o Dr. Arias recebeu o mesmo tratamento quando se levantou para discursar. Uma mulher explicou a um observador estrangeiro que isso era "democracia em ação", mas este lhe disse que aquele caos cada vez maior pouco tinha a ver com democracia.

A convenção terminou em um impasse. Silva e Arias retiraram sua candidatura e foram necessárias mais duas convenções antes que a dupla Facundo Guardado e María Marta Valladares (comandante Nidia Díaz), dos renovadores, ganhasse a indicação para disputar os cargos de presidente e vice-presidente, respectivamente. Apesar de todas as décadas de envolvimento com o movimento revolucionário, o partido não poderia ter escolhido um candidato menos qualificado para a presidência. Guardado era um homem de limitada educação formal (semelhante a Luiz Inácio Lula da Silva) e (diferentemente deste) sem a menor experiência em liderança ou administração. Por sua vez, Valladares participara da equipe de negociadores da FMLN durante os acordos de paz, tinha uma experiência internacional considerável e era deputada na Assembleia Legislativa desde 1994. A despeito de uma situação econômica longe de recomendável, os candidatos Guardado e Valladares, da FMLN, perderam a eleição presidencial no primeiro turno, para o insípido Francisco Flores, da Arena, por 52% dos votos contra 29%. Guardado reagiu com azedume à derrota, culpando a facção ortodoxa de não ter dado total apoio à sua candidatura. Os ortodoxos reagiram, culpando Guardado por ter abandonado a revolução. Por ironia, foi exatamente essa luta interna que contribuiu para a derrota da FLMN.

A FMLN reagrupou-se após a eleição de 1999, na esperança de conquistar alguns cargos nas eleições municipais e legislativas de 2000. Acontecimentos domésticos, incluindo-se a economia estagnada e o aumento nos índices de criminalidade, dominaram as campanhas de 2000. No final da década de 1990, muitos chamavam El Salvador de a capital mundial do crime, já que o índice de assassinatos chegava a 127 vítimas por cem mil habitantes. Pessoas entrevistadas em pesquisas de opinião pública citavam seguidamente a falta de segurança e de empregos como os dois maiores problemas que o país enfrentava. Uma pesquisa realizada pelo Instituto Universitário de

Opinião Pública (Iudop) da DCA revelou que 84,1% dos entrevistados acreditavam que Flores deveria mudar a política econômica da administração de Calderon Sol.

Além disso, atos de agitação civil dominavam as manchetes dos jornais. Houve mais de cinquenta greves entre a posse de Francisco Flores, em junho de 1999, e as eleições de março de 2000, a maioria delas em resposta a iniciativas de privatização. Em outubro de 1999, a união dos trabalhadores da saúde (STISSS) do Instituto Salvadorenho de Seguridade Social (ISSS) deflagrou uma greve de cinco meses, diante do fracasso do ISSS em agir conforme os termos do acordo estabelecido em 1997-1998 a propósito de salários e condições trabalhistas. Os planos do governo Flores de privatizar dois hospitais e terceirizar alguns serviços (como lavanderia e fornecimento de refeições, entre outros) serviu para enfurecer ainda mais os trabalhadores. Hector Silva, médico que era prefeito de San Salvador e que gozava de imensa popularidade, aceitou por fim um convite do presidente Flores para mediar a situação, apesar da férrea objeção da FMLN, que depois o acusou de deslealdade partidária e, até mesmo, de traição. Silva fracassou, pelo menos em parte, porque a FMLN e seus aliados no sindicato se recusaram a dar apoio a seus esforços, mas finalmente vários ex-presidentes do Colégio Médico tiveram êxito em sua intervenção para mediar a greve, que terminou apenas dois dias antes das eleições municipais e legislativas.

A má condução da crise e da greve por Flores, ao lado de uma economia em franco declínio, ajudaram a transformar a FMLN no maior partido político de El Salvador. Nas eleições de 2000, a FMLN elegeu mais deputados que a Arena, para a Assembleia Nacional. A FMLN também registrou avanços nas eleições municipais, conservando a prefeitura de San Salvador, apesar da saída de Hector Silva da FMLN e, portanto, sua desistência para um terceiro mandato. A FMLN também adicionou outras 19 prefeituras de cidades do interior (além de outras sete, com candidatos da coalizão). A Arena continuou a sofrer perdas significativas em nível municipal. O partido que mais se beneficiou com as perdas da Arena não foi a FMLN, mas o cada vez mais vigoroso Partido da Conciliação Nacional (PCN).

Apesar da impressionante vitória eleitoral, nem tudo estava bem na FMLN. O capítulo seguinte da incessante batalha pela direção e controle do partido teve início quando o antigo candidato da FMLN à presidência – e líder da facção dos renovadores – Facundo Guardado foi expulso do partido, em outubro de 2001, por "pecados" contra a legenda. As ofensas incluíam seu apoio à dolarização, não ter comparecido à convenção da FMLN e ter publicamente dado incentivo a um boicote à convenção nacional da FMLN. Alguns dias após sua expulsão, sete representantes da FMLN votaram com a Arena a favor da ratificação de um acordo de livre-comércio com o Chile, sob pena de punição do partido, enquanto centenas marchavam até o quartel-general da FMLN em protesto contra a expulsão de Guardado. Em abril de 2002, os renovadores expulsos anunciaram que estavam fundando sua própria agremiação política, o Partido Movimento Renovador (PMR), que descreviam como uma legenda social-democrata.

As eleições municipais e legislativas de 2003 demonstraram que os renovadores não poderiam competir com a FMLN. Na realidade, o PMR, em coalizão com os democrata-cristãos e os socialdemocratas (PSD), deixou de alcançar o patamar de 3% de votos necessários para que permanecesse como partido político. A FMLN manteve sua vantagem legislativa nas eleições de 2003, enquanto a Arena perdeu dois deputados. A FMLN também conseguiu vencer na corrida para a prefeitura de San Salvador, derrotando um virtual desconhecido, embora tivesse perdido diversas prefeituras menores. Mais uma vez, o declínio da Arena pareceu ser uma vitória para o PCN. Dos dois partidos de centro, apenas o Centro Democrático Unido (CDU) elevou o número de seus representantes, enquanto os democrata-cristãos conseguiram afastar o perigo da obscuridade mantendo o equilíbrio.

Tabela 4.3 – Resultados das eleições municipais e para o Legislativo, 1994-2003.

	Número de deputados				Número de municípios			
	1994	1997	2000	2003	1994	1997	2000	2003
Arena	39	28	29	27	207	162	127	113
FMLN	21	27	31	31	13	48	67	61
Coalizão FMLN					2	3	10	12
PDC	18	7	5	5	29	15	16	15
PCN	4	11	14	16	10	18	33	50
CDU	1	2	3	5	0	0	4	5+6

Fonte: Adaptado de Spence (2004).

As eleições de 2000 e 2003 injetaram ânimo na FMLN e, pela primeira vez desde o término da guerra, a Arena se sentiu verdadeiramente vulnerável antes das eleições presidenciais de 2004. Essa foi a terceira corrida pelo cargo de presidente desde a assinatura dos acordos de paz, em 1992. Também foi a eleição mais disputada e marcada por dissensões. As eleições de 2000 e 2003 assinalaram o desgaste da política costumeira da Arena e deram uma voz mais poderosa à FMLN. De fato, muitos observadores acreditavam que a FMLN chegaria de fato a vencer a corrida para a presidência.

Com os renovadores fora do partido, os adversários dos ortodoxos apareceram como reformistas. A questão fundamental, entretanto, permanecia a mesma: como governar o partido e se era o caso de se unirem ou não aos centristas, tendo em vista a eleição nacional. Como vimos, a FMLN não teve dificuldade para fazer coalizões com partidos mais centristas em nível local; basta conferir o número crescente de vitórias nas municipalidades em que formaram coalizões, entre 1994 e 2003, como indicado na Tabela 4.3. Como já havia ocorrido em 1998, as disputas internas no partido continuaram atormentando a FMLN em sua escolha do candidato. As primárias do partido colocaram o chefe da agremiação, Shaftk Handal, contra o popular prefeito reformista de Santa Tecla (cidade vizinha de San Salvador), Oscar Ortiz. Apenas trinta mil fiéis partidários (dos noventa mil militantes inscritos) votaram nas diretas primárias, e Handal derrotou Ortiz por pouco mais de mil votos. Ortiz aceitou o resultado. A Arena escolheu um locutor esportivo e político desconhecido, Antonio Elias Saca, como seu candidato. Hector Silva, antigo favorito para vencer a eleição presidencial de 2004, apresentou-se como candidato pelo CDU.

A batalha entre Handal, ex-líder do Partido Comunista, e Saca, um astuto homem de negócios, reviveu as hostilidades dos tempos da Guerra Fria. Imagens de Handal como comunista apareciam regularmente na mídia e havia frequentes referências às supostas relações de Handal com organizações terroristas e a seu desejo de transformar El Salvador em outra Cuba. O medo de uma vitória da FMLN, em especial se resultasse em Handal como presidente, ajudou a revigorar a base da Arena. Saca derrotou Handal, com facilidade, no primeiro turno da eleição.

Era amplamente esperado que o lamentável resultado das urnas conseguido por Handal (apenas 36% do voto popular) causasse uma revolta interna no partido, com os reformistas, agora denominados A Força da Mudança, que surgiam no controle do aparato do partido. Seguiu-se uma batalha real, que colocou alguns dos mais bem-sucedidos prefeitos da FMLN e de outros partidos contra Handal e seus seguidores, basicamente ex-integrantes do Partido Comunista. Como escreveu o Banco de Dados sobre a América Latina da Universidade do Novo México: "no fundo, acabou se tratando de um esforço malogrado de pragmatistas quarentões de expulsar de cena os marxistas sessentões" (Shafik Handal estava com 73 anos na época da eleição).

Diferentemente da maioria dos partidos políticos latino--americanos, e de todos os outros partidos salvadorenhos, a FMLN escolheu sua liderança mediante uma eleição popular e secreta. Em 7 de novembro de 2004, os membros da agremiação foram às urnas. Após 62% dos votos computados, o próprio tribunal eleitoral da FMLN anunciou o resultado: Medardo Gonzalez, aliado de Handal, derrotou o candidato da Força, Oscar Ortiz, com 58% a 41%, para ocupar o cargo de líder do partido (coordenador geral). Somente 50% dos eleitores válidos do partido votaram, em meio a diversas acusações de fraude. Os integrantes da Força não aceitaram o resultado. Oscar Ortiz anunciou: "Não podemos aceitar o resultado final até que este processo seja esclarecido e até que esteja definitivamente documentado e endossado". Ortiz insistia em que houvera empate técnico porque, de acordo com os números, ele havia recebido 22.928 votos contra 24.986 de Gonzalez. Ortiz disse ter provas de fraude, na forma de fotos e vídeos. No início de 2005, as divisões continuaram. Em junho, dois deputados da FMLN, entre eles Ileana Rogel, antiga juíza sênior do partido no Supremo Tribunal Eleitoral, Julio Hernández, dois prefeitos e mais de trezentos membros deixaram o partido por causa de divergências com a liderança, seguidos, um mês depois, por mais 450 membros. Em fins de julho, eles haviam criado um novo partido de centro-esquerda. Baseando-se em sua história desde a década de 1980, o novo partido denominou-se Frente Democrática Revolucionária (FDR).

Em uma entrevista concedida no final de julho de 2005, o novo secretário-geral do partido, Julio Hernández, falou sobre a necessidade de se aprender com os erros do passado – em particular, com as duas tentativas abortadas de criar novos partidos de esquerda, primeiro com Joaquin Villalobos, em 1994, e depois com Facundo Guardado, em 1999. Também mencionou a necessidade de *não* incorporar os problemas ideológicos da FMLN ao novo partido. Por fim, tocou no tema da necessidade de olhar o futuro, visando às eleições de 2009, que novamente serão para presidente, deputados e prefeitos.

Quando indagado a respeito de números, Hernández disse que a FMLN tinha cerca de 35 mil militantes no início de 2005; destes, "achamos que dez mil estão na FDR". Tudo isso significa, para Hernández e a FDR, que eles tentariam se tornar um partido legal o mais depressa possível, "a fim de demonstrarmos nossa força". Contudo, propunham-se a escolher, em 2006, as eleições de que participariam nos níveis legislativo e local, visando formar coalizões com o CDU e/ou com a FMLN, uma vez que os dissidentes que tinham permanecido no partido controlavam o aparato partidário em âmbito local.

No início de agosto de 2005, ainda era cedo demais para dizer se a FDR teria sucesso ou se seguiria os passos de seus predecessores, caindo no esquecimento político. A ironia, no entanto, estava clara: em 2005, a FMLN já aprendera muito sobre como governar com êxito, em termos da política local, e pouquíssimo sobre como se governar como partido.

Conclusão

Em pouco mais de uma década, El Salvador realizou a notável transição de um país em guerra para uma nação em paz. Talvez ainda mais notável tenha sido o grau de aceitação do novo constructo da política salvadorenha, demonstrada por todos os envolvidos. De fato, os acordos de paz reestruturaram a sociedade salvadorenha por meio da dissolução das forças de segurança e da criação de uma nova força policial civil; expurgou-se, reduziu-se o tamanho e redefiniu-se o papel das Forças Armadas, legalizando a FMLN e as organizações afiliadas e garantindo o respeito pelos direitos humanos. Os acordos de paz, contudo, não solucionaram as desigualdades socioeconômicas, e a FMLN concordou que reformas sociais e econômicas deveriam ser elaboradas em um novo paradigma democrático, e não nos acordos de paz em si. A batalha pacífica de El Salvador tinha começado.

A FMLN logrou um significativo sucesso na década subsequente aos acordos de paz, tornando-se o maior partido do país. Em dado momento, mais de 50% da população salvadorenha viviam sob a representação da FMLN em nível local. Apesar desse nível de sucesso eleitoral, o partido sofreu com intensas disputas internas causadas por divergências filosóficas e de estilo de controle do partido. Tais disputas resultaram em uma crise de confiança pública no partido e, em última análise, impediram que a FMLN ganhasse a presidência e, por assim dizer, a direção do país. Habilidosamente, a Arena conservou o controle da agenda política nacional, vencendo três eleições presidenciais já em tempos de paz e construindo alianças na Assembleia Legislativa para impedir que a FMLN dominasse o cenário político.

5. Conclusão

Desde o tempo da independência, El Salvador viu-se preso em um ciclo vicioso de violência. Oligarcas milionários controlavam os campesinos por meio de políticas desvantajosas de ocupação de terra e coerção militar. A rebelião e o massacre de 1932, *La Matanza*, passaram a simbolizar a luta contra a corrupção e a tirania no país. Tentativas futuras de implementar a reforma política foram alvo de violenta repressão. Duas gerações depois, um novo apelo pela justiça social viria à tona em meio às eleições fraudulentas de 1972 e 1977. As organizações populares, as Comunidades Eclesiais de Base, os sindicatos e a oposição política organizaram-se para desafiar o regime e se tornaram alvo da violência descontrolada. Logo ficou claro, para muitas pessoas, que seria impossível uma mudança pacífica. Adotando o nome do patriarca da rebelião, cinco organizações guerrilheiras se uniram para formar um dos mais formidáveis movimentos revolucionários das Américas, a Frente Farabundo Martí para a Libertação Nacional – FMLN.

Por mais de uma década, a FMLN sustentou a guerra contra o governo salvadorenho, que contava com o maciço apoio financeiro dos Estados Unidos. A guerra civil em El Salvador custou a vida de mais de 75 mil salvadorenhos, e cerca de um milhão de cidadãos, ou 20% da população, deixou o país. Por fim, a transformação socialista por meio de uma revolução violenta, o objetivo do mais poderoso grupo guerrilheiro da região, terminaria se tornando o que o diplomata peruano Alvaro de Soto, o principal negociador da ONU durante os acordos de paz, chamaria de uma "revolução negociada". A transição de El Salvador de um regime autoritário, com sua concomitante violência, para uma democracia pacífica foi efetivamente notável.

Décadas de um regime militar direto e de fato terminaram dando lugar a eleições livres e justas, após os acordos de paz de 1992. Mas será que El Salvador experimentou mesmo uma revolução *negociada*, como De Soto e outros sugeriram? Embora haja pouca dúvida de que a transformação de El Salvador, ao longo da última década, tenha sido realmente radical, a extensão em que suas consequências foram revolucionárias ainda está para ser confirmada.

El Salvador como revolução

A transformação de El Salvador, após os acordos de paz de 1992, é notável sob todos os pontos de vista. As perspectivas de paz tinham-se mostrado tão parcas que, mesmo durante as negociações, muitos estudiosos e observadores duvidavam de que chegasse mesmo a ocorrer alguma mudança significativa. O fato de El Salvador ter vivido mais de uma década de paz e democracia é um testemunho da vontade política de todos os envolvidos. Em 2005, El Salvador era um lugar diferente por completo do que havia sido em 1985, mas será que tinha ocorrido uma revolução?

As definições mais amplamente aceitas de revolução definem-na como uma tomada violenta de poder que resulta na transformação dos sistemas político, econômico e social. Embora a FMLN fosse um dos movimentos guerrilheiros de maior expressão e habilidade de toda a América Latina, não teve êxito em sua iniciativa de derrotar militarmente o governo salvadorenho nos campos de batalha. Não obstante, a FMLN pôde negociar uma reestruturação de longo alcance das Forças Armadas, que incluiu redefinição da sua missão, redistribuição das lideranças, redução dos efetivos e o expurgo dos maus elementos. Essa é a razão pela qual alguns observadores se referem ao processo como revolução *negociada*. Um exame mais atento dos resultados, entretanto, demonstra que a experiência de El Salvador não chega a ser revolucionária.

Revoluções sociais notáveis do século XX, como as da Rússia em 1917 e da China em 1949, além da de Cuba em 1959,

A Revolução Salvadorenha

mudaram não apenas a política do país, mas também a economia. Cada uma dessas revoluções sociais resultou na implementação de regimes comunistas que restringiam o espaço político por intermédio da repressão. A indústria privada e as propriedades rurais foram nacionalizadas pelo Estado no esforço de corrigir a má distribuição das riquezas. Essas revoluções também foram dedicadas a mudanças sociais profundas, sobretudo orientadas pela ideologia marxista-leninista ou maoista. Amplas campanhas e propostas ideológicas pós-revolucionárias, como o Homem Soviético de Stalin, o Grande Salto Adiante da China e sua Revolução Cultural e a campanha de alfabetização em Cuba, foram usadas para criar uma nova identidade e cultura nacionais.

É óbvio que houve outras revoluções esquerdistas menos dogmáticas. As revoluções no México (1911-1934), na Guatemala (1944-1954) e na Nicarágua (1979) tinham os objetivos associados de derrubar o regime da oligarquia e eliminar as desigualdades socioeconômicas basicamente por meio de uma reforma agrária, apesar de os resultados terem sido mistos. A revolução mexicana trouxe várias reformas agrárias de vulto e uma campanha para criar uma identidade nacional mexicana. Após anos de tumultos políticos, a revolução consolidou-se em 1934, com a criação do Partido Movimento Renovador (PMR), de tendência corporativista, mais tarde rebatizado como Partido Revolucionário Institucional (PRI), dominante na cena política do México até 2000. A revolução na Guatemala resultou em uma breve experiência com a democracia e a justiça social, que terminou com o golpe de 1954, financiado pelos Estados Unidos. A revolução nicaraguense sofreu destino semelhante, ao tentar implementar reformas socioeconômicas e políticas, ao mesmo tempo que combatia os contras, sustentados pelos Estados Unidos.

A transformação de El Salvador não incluía mudanças no sistema econômico ou social. As únicas provisões para uma reforma agrária estavam voltadas para os ex-combatentes. Além disso, sua transformação resultou apenas em eleições livres e justas, das quais os partidos de todas as tendências políticas puderam participar. Nesse sentido, El Salvador lembra mais de perto o fim de outros regimes sistematicamente repressivos, como o da África do Sul, ou o de sociedades transicionais, como os do Sul e Leste europeu (a Revolução de Veludo), ou da América do Sul, em vez daquelas sociedades que passaram por profundas revoluções sociais.

O ambiente político pós-guerra em El Salvador

Como discutimos no capítulo anterior, o aspecto mais "revolucionário" dos acordos de paz lidava com o papel das Forças Armadas e da polícia na sociedade salvadorenha. Ao redefinir o *modus operandi* das Forças Armadas como um dos elementos da segurança nacional, colocando-as sob um regime civil, os acordos de paz alteraram de modo significativo a sociedade salvadorenha. A criação de uma Polícia Nacional Civil inteiramente nova também desempenhou um papel central na transformação da sociedade salvadorenha. Além disso, o desmantelamento de forças abusivas de segurança e de organizações de inteligência, como a Polícia Fazendária, contribuiu para um ambiente no qual tanto os direitos humanos quanto os direitos civis eram respeitados. Cada uma dessas reformas retirou os militares da política e derrubou o bem estabelecido sistema oligárquico, sustentado pelas Forças Armadas.

A implementação das reformas militares foi um sucesso em todos os sentidos, com os militares aceitando seu novo papel fora da política salvadorenha. Como comentou o antigo comandante da FMLN e deputado da Assembleia, Gerson Martínez, "o Exército é a instituição que mais colaborou com os acordos de paz". Apenas por meio dessas reformas militares tornou-se possível a implementação de um regime democrático. Em pouco mais de uma década, El Salvador testemunhou três eleições presidenciais em tempos de paz e cinco turnos de eleições legislativas e municipais. Embora com imperfeições, cada um desses pleitos foi livre, e seus resultados são aceitos como legítimos por todos os partidos.

A FMLN

A Arena é, sem dúvida, o mais dominante dos partidos políticos de El Salvador, funcionando como uma máquina bem azeitada, de recursos ilimitados em anos de campanha presidencial. Apesar das vitórias eleitorais da FMLN nas eleições legislativas e municipais, a Arena venceu todas as disputas presidenciais desde os acordos de paz. Como a FMLN, a Arena enfrentou várias disputas internas envolvendo a direção e a filosofia do partido. A tensão entre as antigas elites rurais e as novas elites industriais vinha atormentando esta agremiação desde o final da década de 1980. Diferentemente da FMLN, a Arena conseguiu manter essa discórdia longe das primeiras páginas dos dois principais jornais de El Salvador – *La Prensa Gráfica* e *El Diario de Hoy* –, dando ao público pelo menos uma aparência de coesão.

Outros partidos

Da década de 1950 até o final dos anos 1970, as eleições em El Salvador foram dominadas pelo Partido da Conciliação Nacional (PCN). As divergências internas da Arena haviam sido reavivadas pelo ressurgimento do PCN, que logo obteve expressiva votação à custa da Arena. Embora todas as suas campanhas presidenciais tivessem sido insípidas, quadruplicou o número de seus representantes na Assembleia Legislativa e aumentou em cinco vezes o número dos municípios sob seu controle, entre 1994 e 2003.

A política salvadorenha continua sendo um ambiente altamente polarizado, dominado pela direita (Arena) e pela esquerda (FMLN). Tem-se dito que o lugar mais perigoso da política salvadorenha é o centro. A parte dos votos que cabe aos democrata-cristãos declinou em um ambiente de pós-guerra. Outros partidos pequenos, também centristas, como o Partido Democrático (PD) e o social-democrata Movimento Nacional Revolucionário (MNR), simplesmente desapareceram. Só a Convergência Democrática (CD) conseguiu aumentar sua participação nas urnas, conquanto sua parcela tenha sido marginal; mas, em 2004, teve de sair de cena, pois, em coalizão com os democrata-cristãos, não conseguiu somar os 3% de eleitores por partido, legalmente o índice mínimo de sobrevivência partidária.

OUTROS PARTICIPANTES

A sociedade civil salvadorenha era historicamente fraca. Os campesinos e os índios ficavam confinados às fazendas e a pequenas glebas de terra, onde sua atividade poderia ser monitorada de perto. Patrulhas civis e forças privadas de segurança garantiam que todas as formas de atividade política que ameaçavam os interesses da oligarquia poderiam ser violentamente reprimidas. Com a modernização da economia salvadorenha e o início da migração de trabalhadores para as cidades, os sindicatos profissionais começaram a crescer e se tornaram cada vez mais militantes na década de 1970.

Em vez de prosperar no ambiente de pós-guerra, entretanto, a sociedade civil salvadorenha, na melhor das hipóteses, manteve-se estagnada. Após os acordos de paz, o espaço político assegurado pela garantia dos direitos civis e humanos não foi preenchido pelos protagonistas da sociedade civil. As Comunidades Eclesiais de Base, os sindicatos e as organizações populares, que haviam sido alvo da repressão antes e durante a guerra, passavam por uma fase de difícil recuperação.

Como já dissemos, a Igreja foi alvo da repressão desde o início da década de 1970. O assassinato de padres, freiras e irmãos leigos teve um efeito profundo sobre as Comunidades Eclesiais de Base, cuja atividade declinou ao longo dos primeiros anos da década de 1980. Esse declínio foi ainda mais acentuado pelo crescente conservadorismo da Igreja Católica, após a morte do arcebispo Arturo Rivera Damas, em novembro de 1994. Em 1995, Fernando Saenz Lacalle, fundador local do ultraconservador movimento católico *Opus Dei*, foi nomeado arcebispo de San Salvador. Saenz Lacalle afirmou que não usaria a Igreja para promover opiniões políticas e se referiu à Teologia da Libertação como "uma releitura marxista do Evangelho, com tendência para a violência". Essa posição era reforçada pelas diretrizes enviadas de Roma.

Além das preocupações de que Saenz Lacalle estaria encaminhando a Igreja para uma direção mais conservadora, em janeiro de 1997 o arcebispo foi nomeado brigadeiro-geral pelos militares, posição que ele afirmou ser apenas temporária. A indicação e sua aceitação do título ensejaram duras críticas por parte da comunidade religiosa, perseguida pelos militares durante a guerra. O arcebispo Saenz Lacalle retirou de seu posto um padre conhecido por fazer "organizações políticas", após ele ter organizado uma passeata contra a escalada dos crimes e do desemprego. Durante décadas, essas manifestações realizadas pelos trabalhadores leigos tinham sido comuns e, pelo menos, toleradas – quando não encorajadas – pela hierarquia da Igreja em El Salvador. A interrupção do apoio a essas atividades, por parte do novo arcebispo, contribuiu de modo significativo para seu declínio.

A mobilização das organizações populares também havia perdido o ímpeto, desde o fim da guerra civil, o que, em parte, pode ser atribuído ao fim da guerra, já que muitas organizações que estavam em funcionamento nos anos 1970 e 1980 tinham sido criadas em oposição ao regime militar e à repressão política. No fundo, muitos grupos perderam sua razão de ser após os acordos de paz. Algumas organizações populares reapareceram como organizações não governamentais (ONGs), enquanto outras continuaram suas atividades como organizações de base dos trabalhadores do campo. Muitas ONGs não tinham conhecimentos técnicos suficientes ou coordenação, tampouco as habilidades necessárias para levar adiante projetos de desenvolvimento, em contraponto aos serviços emergenciais fornecidos durante a guerra, conforme proposto por diversas entidades internacionais.

Assim como muitas organizações populares, os sindicatos também passaram por uma fase especialmente difícil de transição pós-guerra. Um estudo de 1999 dos sindicatos salvadorenhos revela que a filiação aos sindicatos esquerdistas diminuiu de modo acentuado após o término da guerra, constituindo apenas 6% do total de filiações em geral, em 1994. Pelo menos parte da explicação para essa tendência reside no viés dos sindicatos salvadorenhos de dar atenção preferencial às questões políticas, em lugar dos tradicionais conflitos trabalhistas. Um setor que se tornou cada vez mais ativo foi o público. As greves dos trabalhadores no setor da saúde e outros, que se opunham à privatização dos serviços, têm sido uma das mais significativas atividades sindicais desde o fim da guerra.

Economia pós-guerra

Como outras sociedades revolucionárias, El Salvador tem sido assolada por ostensiva má distribuição das riquezas. Os acordos de paz não fizeram nada para remediar isso. O modelo econômico neoliberal promovido por Cristiani não fazia parte das negociações de paz e, nos acordos, não foi feita nenhuma provisão para o desenvolvimento de políticas que tratassem da redistribuição de riquezas. A única exceção possível foram as transferências de terra para antigos combatentes da FMLN, na tentativa de promover a reintegração destes à sociedade salvadorenha. As repetidas vitórias da Arena nas eleições presidenciais asseguraram que o modelo neoliberal permanecesse inalterado.

As políticas econômicas de Cristiani foram promovidas por governos sucessivos da Arena encabeçados por Calderon Sol e Flores. O crescimento que a economia salvadorenha registrou com Cristiani começou a encolher com Sol e Flores, e pouco foi feito para combater a pobreza. Os salvadorenhos passaram cada vez mais a depender de envios de dinheiro dos parentes que estavam no exterior, para dar conta de suas necessidades básicas. Na realidade, essas remessas se tornaram tão importantes para a economia salvadorenha que o candidato da Arena, Tony Saca, em sua campanha de 2004, tratou explicitamente do assunto, convencendo os eleitores e muitos de seus familiares nos Estados Unidos de que a vitória da FMLN atrapalharia as relações com os norte-americanos, ou as políticas impostas pelos Estados Unidos, a tal ponto que poderia eventualmente impedir futuras remessas de dólares para El Salvador.

Comentários finais

Por mais de duas décadas, incluindo-se uma guerra civil de 11 anos, os revolucionários salvadorenhos, representados na última metade desse período pela FMLN, propuseram-se a transformar a sociedade salvadorenha social, econômica e politicamente. No fim, e mediante um processo de paz, algumas de suas exigências foram atendidas. Mas será que isso constituiu uma "revolução negociada" como Boutros-Ghali, o secretário--geral das Nações Unidas, a denominou na cerimônia em San Salvador, para celebrar o fim da guerra? Uma vez que um dos dois motivos fundamentais para o movimento revolucionário e para a guerra foi uma transformação econômica profunda, dificilmente se poderia falar de uma "revolução negociada". As estruturas econômicas do país, moldadas por anos e anos de dominação e "remodeladas", na década de 1990, segundo o modelo neoliberal, não sofreram qualquer modificação, assim como também não houve políticas públicas para tratar das vastas desigualdades econômicas, com todas as suas patologias concomitantes: falta de oportunidades educacionais, cortes no abastecimento de água encanada e eletricidade, escassez de serviços de atendimento médico, índices cada vez mais elevados de desemprego e subemprego e, o que seria previsível, índices alarmantes de criminalidade. Na realidade, a violência política das décadas de 1970 e 1980 foi substituída pela violência criminal, que confere a El Salvador uma das taxas de homicídios qualificados mais altas do mundo.

Quanto à transformação social, há uma classe média em ritmo de crescimento lento, mas, como vimos, uma larga fatia da sociedade e da economia está com a cabeça fora d'água somente graças aos envios de dólares dos salvadorenhos que moram no exterior. Se, por alguma razão, essas remessas – que somam 1,2 bilhão de dólares por ano – cessarem da noite para o dia, El Salvador se tornará um caso perdido do ponto de vista econômico, carecendo de toda ajuda possível, como seu vizinho ao sul, a Nicarágua. A mais expressiva mudança social em El Salvador foi no âmbito da cultura política. Poucos meses após os acordos de paz terem sido assinados, não era mais aceitável matar uma pessoa por razões políticas. Essa foi uma mudança extraordinária, em uma sociedade em que assassinatos políticos eram aceitos com impunidade havia muitas décadas.

Foi na arena política que El Salvador testemunhou a mudança mais profunda. O próprio grupo para cuja tentativa de extermínio governo e Exército salvadorenhos (para não mencionar os Estados Unidos) tinham gastado bilhões de dólares, recorrendo ao terror e à guerra, transformou-se em um partido político legal que, em 2000, detinha uma pluralidade de cadeiras no Legislativo Nacional e, ainda mais significativo, governou em nível local a maioria da população salvadorenha.

A maior questão em 2005 era se os revolucionários salvadorenhos, que se tinham tornado políticos legítimos, conseguiriam se organizar para atingir o sucesso em nível nacional. Se terão ou não êxito depende de outras duas questões a serem resolvidas. A primeira diz respeito a se a esquerda conseguirá ou não pôr a casa em ordem. A saída de mais de oitocentos membros da FMLN, em meados de 2005, indica que isso não será fácil. A segunda é: será que a esquerda conseguirá aprender a construir coalizões políticas com os partidos de centro, a fim de derrotar a Arena? Acreditamos que essa é a questão crítica no futuro porque, a menos que haja ampla coalizão de centro--esquerda, liderada por candidatos fortes e viáveis, a Arena continuará controlando a presidência e, portanto, a política social e econômica.

Em última análise, o que acontecerá com a FMLN não importa para o futuro de El Salvador. O que acontece com a *esquerda* e seus aliados em potencial determinará se haverá uma política pública social e econômica mais esclarecida, capaz de beneficiar a ampla maioria do povo salvadorenho.

Referências bibliográficas

Acuerdos de El Salvador: el camino de la paz. New York: Nações Unidas, Departamento de Informações Públicas, 1992.

Americas Watch. *El Salvador's Decade of Terror*: Human Rights Since the Assassination of Archbishop Romero. New York: Americas Watch, 1991.

ARGUETA, M. *Cuzcatlán donde bate la mar del sur*. Tegucigalpa, Honduras: Guaymuras, 1986.

ARNSON, C. J. (Org.) El *Salvador' Democratic Transition Ten Years After the Peace Accord*. Washington, D.C.: Centro Woodrow Wilson para Estudiosos, 2003.

ARTIGA, A. *Elitismo competitivo*: dos décadas de elecciones en El Salvador (1982-2003). San Salvador: UCA, 2004.

BALOYRA, E. *El Salvador in Transition*. Chapel Hill: University of North Carolina, 1982.

BÉJAR, R. G., ROGGENBUCK, S. (Orgs.) *Partidos y actores políticos en transicion*: la derecha, la izquierda y el centro en El Salvador. San Salvador: Criterio, 1996.

BOYCE, J. K. B. (Org.) *Economic Policy for Building Peace*: the Lessons of El Salvador. Boulder, Colorado: Lynne Reinner, 1996.

CARRANZA, S. (Org.) *Martires de la UCA*. San Salvador: UCA, 1990.

CLEMENTS, C. *Witness to War*: an American Doctor in El Salvador. New York: Bantam, 1984.

De la locura a la esperanza: informe de la comisión de la verdad para El Salvador. Nações Unidas, San Salvador e Nova York, 1993.

LINDO FUENTES, H. *Weak Foundations*: the Economy of El Salvador in the Nineteenth Century. Berkeley: University of California, 1990.

LUNGO UCLÉS, M. *El Salvador en los ochenta*: contrainsurgencia y revolución. San Salvador: Educa-Flacso, 1990.

MENJIVAR, R. *El Salvador*: el eslabón más pequeño. San José, Costa Rica: Educa, 1980.

MONTGOMERY, T. S. Getting to Peace in El Salvador: the Roles of the United Nations Secretariat and ONUSAL. *Journal of Interamerican Studies and World Affairs*. v.37, n.4. inverno de 1995, p.139-72.

_____. *Revolution in El Salvador*: from Civil Strife to Civil Peace. Boulder, Colorado: Westview, 1995.

ROBINSON, W. I. *Transnational Conflicts*: central America, Social Change, and Globalization. London: Verso, 2003.

STANLEY, W. *The Protection Racket State*: elite Politics, Military Extortion, and Civil War in El Salvador. Philadelphia: Temple University, 1996.

WADE, C. *The Latin American Left and Neoliberalism*: postwar Politics in El Salvador. Boston, 2003. Tese (Doutorado) – University of Boston, Massachusetts.

WILLIAMS, P., Knut Walter. *Militarization and Demilitarization in El Salvador's Transition to Democracy*. Pittsburgh: University of Pittsburgh, 1997.

WOOD, E. J. *Insurgent Collective Action and Civil War in El Salvador*. Cambridge: Cambridge University, 2003.

ZAMORA, R. *La izquierda partidaria salvadoreña*: entre la identidad y el poder. San Salvador: Flacso, 2003.

Coleção Revoluções do Século XX

Direção de
Emília Viotti da Costa

A Revolução Alemã – Isabel Loureiro

A Revolução Chinesa – Wladimir Pomar (Org.)

A Revolução Cubana – Luís Fernando Ayerbe

A Revolução Guatemalteca – Greg Grandin

As Revoluções Russas e o Socialismo Soviético –
Daniel Aarão Reis Filho (Org.)

A Revolução Nicaraguense – Matilde Zimmermann

Para nosso catálogo completo consulte
www.editoraunesp.com.br

SOBRE O LIVRO

Formato: 10,5 x 19 cm
Mancha: 18,8 x 42,5 paicas
Tipologia: Minion 10,5/12,9
Papel: Pólen Soft 80 g/m² (miolo)
Cartão Supremo 250 g/m² (capa)
1ª *edição*: 2006
2ª *reimpressão*: 2016

EQUIPE DE REALIZAÇÃO

Edição de Texto
Daniel Seraphin (Copidesque)
Maurício Baptista Vieira (Preparação)
Nair Kayo e Juliana Rodrigues de Queiróz (Revisão)
Oitava Rima Prod. Editorial (Atualização Ortográfica)

Editoração Eletrônica
Oitava Rima Prod. Editorial

Projeto Visual
Ettore Bottini

Mapa das p.12-3
O Departamento de Antropologia e Geografia da Universidade Estadual da Geórgia autoriza a Tommie Sue-Montgomery a reimpressão do mapa de El Salvador, que aparece no frontispício de seu *Revolution in El Salvador, from Civil Strife to Civil Peace* (Westview Press, 1995). É o Departamento de Geografia da citada Universidade (GSU) que detém o direito do mapa.

Ilustração da Capa
Guerrilhas marcham em direção à cidade de El Salvador.
Foto de Ivan Montecinos, 30 de abril de 1983,
Santa Rosa de Lima, El Salvador.
© Bettmann/CORBIS.